Trademark Disputes:
Litigation Strategy and Lawyer's Guidance

商标纠纷

诉讼策略与律师指引

罗丽珍　著

法律出版社 | LAW PRESS

罗丽珍

北京锦臻律师事务所创始合伙人/主任，中珍银华（北京）知识产权公司创始人。厦门大学知识产权研究院兼职硕士生导师，中国知识产权法学研究会理事，中欧国际工商学院EMBA，北京市律师协会商标专业委员会委员，广东省珠海仲裁委员会仲裁员。

作者执业十几年以来，专注于知识产权、民商事争议理论与实务研究。精通企业知识产权运营与管理，尤其擅长为企业提供涉及知识产权疑难复杂案件的整体解决方案，为企业提供立体、多元、全方位、全球化的知识产权服务。在商标、专利、著作权等知识产权确权、侵权诉讼、商业秘密与反不正当竞争等领域积累了丰富的实战经验，代理了许多有影响力的案件。鉴于其在知识产权方面的杰出表现，作者被著名法律评级机构《亚洲法律杂志》（Asian Legal Business）评为“2015年中国知识产权15佳律师”。作者是位学者型的律师，作者在实务过程中不断地学习和研究，参与国家重点书目的编著工作，在核心期刊上发表文章，并且完成了一些国家以及福建省的课题项目。

PREFACE 序

欣闻丽珍的新作《商标纠纷诉讼策略与律师指引》即将付梓出版，这是她的第一本专著，我在此对她表示祝贺。丽珍是一名优秀的律师，有着丰富的实务经验；作为厦门大学知识产权研究院的兼职硕士研究生导师，她为研究院的人才培养等各项工作贡献颇多。此次丽珍邀我为本书作序，我自义不容辞。

商标是商誉的载体，是企业重要的无形资产，也是企业在市场竞争中获得优势地位的利器。随着国家、地方、企业等各个层面知识产权战略的实施，积极培育品牌形象、加大品牌保护力度已经成为业界共识。作为企业品牌形象符号的商标，自然备受重视。进入新世纪以来，中国商标申请量长期居世界第一。巨大的申请量背后体现出了企业对于商标重要性的认识，企业在商标注册领域的竞争愈发激烈，与此同时也带来了大量的商标确权、侵权纠纷。如何有效地进行商标布局、防范商标抢注、规避商标侵权风险、保护合法商标权益，是新时代中国企业面临的重大课题。对于这些问题，除了需要企业自身提高意识以外，更加需要一批高素质的专业人士，为企业出谋划策、答疑解惑、化解纠纷。中国商标法律事业的发展，离不开学者、法官和律师的共同参与。商标领域专业服务人才素质的提高，必将有利于职业共同体的形成，推动中国商标制度的良性运行。

“法律是经验而不是逻辑”。美国当代著名法学家、时任美国最高法院大法官罗斯科·庞德的这句名言时刻警醒着后代法律人。在本书中,丽珍从一个商标法律实践者的角度出发,精选她亲自处理过的典型案例,精研商标法上的重要理论和实务问题,总结办案过程中积累的宝贵经验,并对企业品牌管理过程中的常见问题做出指引。本书体例新颖、论证翔实,处处闪烁者作者智慧的火花。通过阅读,相信不论是实务工作者还是理论研究者均能从作者的经验中获得良多助益和启发。

丽珍是一个十分努力的年轻人,做事认真、扎实、肯干,近年来取得了不小的成绩,祝愿她在今后的工作中取得更大的进步!

是为序。

林秀芹

厦门大学知识产权研究院院长/法学院教授

中国知识产权法学研究会副会长

2019 年 1 月 28 日

PREFACE 自序

《国家知识产权战略纲要》自2008年颁布以来已经历时10个年头。在这10里，我国的知识产权保护成就斐然，对建设创新性国家、打造知识产权强国的事业产生了极大的促进作用。近年来，在“一带一路”倡议下，为加强国家和地区之间的合作与交流，我国知识产权制度的构建与发展需要更加关注国际知识产权信息沟通和保护机制的协调。2019年两会期间，国家知识产权局也表示将对我国的知识产权法律制度进行进一步的完善和修改，力求提高知识产权的审查效率和保护力度，为中国知识产权在海内外保驾护航。在新时代的这一时间节点上，无论是从国际合作层面，还是从国内立法完善层面，加强对我国知识产权法律制度立法和司法的梳理和研究，具有特殊的时代意义和实践价值。

《商标纠纷诉讼策略与律师指引》一书共收录了笔者自2005年执业以来处理过的18起典型案例。每一件案例都在简要列明案件审理思路之后，对案件所涉及的重要法律条文进行评析与重述，力求从立法者和司法者的两个角度解读《商标法》相关条款的含义。本书采取实证专题研究的方式，立足于我国商标制度，从商标近似与商品类似的判断、商标抢注的认定、商标权与在先权利冲突和驰名商标保护等司法实践的焦点问题出发，梳理我国商标司法实践标准及其变化过程，以期为我国《商标法》的完善提供一定的参考。此外，本书在进行案例和法条分析后，在每一专题结尾专门设置了律师提示小结，试图对企业商标管理、商标维护策略、证据的组织等内容进行提炼。希望这一部分能够对企业的管理者、企业法务、初入知识产权行业的律师实务经验的积累产生一定的指导意义。

在此，要特别感谢我的父母、爱人对我工作的支持，感谢团队和学生对案例内容的整理和校对，感谢所有客户对我的信任与一如既往的支持。2018年，我作为创始合伙人创办了北京锦臻律师事务所，律所以“作事谋始、卓越服务”为理念，进一步为客户提供更加定制化、精品化的知识产权、民商事法律服务。

最后，由于容量有限，本书未能涵盖商标案件中所有的细节问题，写作过程中难免有不足之处，望各位专家、同仁指正批评。

罗丽珍

2019年3月15日

CONTENTS 目 录

专题一

商标近似与商品类似的判定

专题一

商标近似与商品类似的判定

核心要点一

证明商标与在先注册商标相冲突的近似性判定

案例1

永胜福凤禽业有限责任公司对永胜县他留乌骨鸡养殖协会“他留乌骨鸡 Ta Liu Wu Gu Ji 及图”商标争议行政纠纷案

【案件索引】

一审案号:北京市第一中级人民法院(2014)一中行初字第1602号行政判决书

二审案号:北京市高级人民法院(2014)高行终字第2078号行政判决书

【基本案情】

2012年5月7日,永胜福凤禽业有限责任公司(以下简称福凤禽业公司)对永胜县他留乌骨鸡养殖协会(以下简称养殖协会)注册的第745053号“他留乌骨鸡 Ta Liu Wu Gu Ji 及图”(见图1-1)商标(以下简称争议商标)提出异议申请。争议商标于2009年6月8日提出申请,于2011年6月14日获得注册,核定使用在第31类活鸡商品上。

福凤禽业公司申请异议的主要理由为:申请人所拥有的第5609385号"他留TALIU"(见图1-2)商标(以下简称引证商标)于2006年9月15日提出申请,于2009年7月21日获得注册,核定使用在第31类活家禽等商品上。争议商标与引证商标构成类似商品上的近似商标,容易导致相关公众的误认,违反了2001年《商标法》第28条的规定。① 由于福凤禽业公司与养殖协会地处同一县城,争议商标系对引证商标的抄袭、模仿,被申请人恶意明显,违反了诚实信用原则,请求撤销争议商标。福凤禽业公司提交的主要证据为引证商标的商标注册证。

图1-1 养殖协会注册的"争议商标"

图1-2 福凤禽业公司拥有的"引证商标"

养殖协会答辩的主要理由为:争议商标性质为证明商标,与引证商标具有明显区别,两商标并不构成类似商品上的近似商标;且养殖协会早在1993年就在先使用他留乌骨鸡商标,福凤禽业公司申请引证商标为恶意抢注。养殖协会提交的主要证据包括养殖协会的社团法人证书,永胜县人民政府允许被申请人代表政府申请争议商标、管理争议商标的文件,被申请人获得的荣誉证书等。

商标评审委员会认为,争议商标中文字"乌骨鸡"用在指定的活鸡商品上显著性较弱,故显著识别文字为"他留",与引证商标的显著识别文字"他留"完全相同,构成近似商标;争议商标指定使用的活鸡商品与引证商标核定使用的活动物、活家

① 该条对应的是2013年《商标法》第30条,法条内容没有变化。

禽等商品属于类似商品。两商标共存于市场，易导致相关公众的混淆误认，构成2001年《商标法》第28条所指的使用在类似商品上的近似商标，据此裁定争议商标予以撤销。

养殖协会不服商标评审委员会作出的争议裁定书，向北京市第一中级人民法院提起行政诉讼。

【判决与理由】

一审法院认为：虽然争议商标与引证商标的主要识别部分均包含“他留”文字，但争议商标与引证商标在商标标志的构成要素和整体视觉效果方面均存在较大差异，两者不属于近似商标标志。特别指出本案的争议商标为证明商标。本案中作为证明商标而申请注册的争议商标，其主要功能在于表明所提供商品的原产地、禽类品种、饲养方式、禽类质量、形态特征等特定品质。上述特定的品质主要是由永胜县六德乡的自然条件及人文因素所决定。而引证商标为商品商标，其主要功能在于区分商品的来源，至于使用该商标的商品是否来源于某地区，以及该商品的特定品质等其他特征是否主要由该地区的自然因素或者人文因素所决定并无直接关联。一审法院认为，本案不应将具有不同功能的证明商标与商品商标进行近似性对比。争议商标的注册不构成2001年《商标法》第28条的情形，判决撤销商标评审委员会的裁定。

商标评审委员会不服一审判决提起上诉，上诉的主要理由为争议商标与引证商标属于相同或近似的商标标志，两商标共存于市场，易导致相关公众混淆，原审判决适用法律有误。

二审法院认为：争议商标为“他留乌骨鸡 Ta Liu Wu Gu Ji 及图”，引证商标由中文“他留”、拼音“TALIU”及图形构成，中文“他留”易于为相关公众所识别和认读，系引证商标的主要识别部分。虽然争议商标和引证商标的主要识别部分均包含“他留”文字，但争议商标与引证商标在商标标志的构成要素和整体视觉效果方面均存在较大差异，一审法院认定两者不属于近似商标标志并无不当，商标评审委员会的有关上诉理由不能成立，判决驳回上诉，维持原判。

【相关法条】

1. 2013 年《商标法》第三十条

申请注册的商标,凡不符合本法有关规定或者同他人在同一种商品或者类似商品上已经注册的或者初步审定的商标相同或者近似的,由商标局驳回申请,不予公告。

2. 2013 年《商标法》第三条第三款

本法所称证明商标,是指由对某种商品或者服务具有监督能力的组织所控制,而由该组织以外的单位或者个人使用于其商品或者服务,用以证明该商品或者服务的原产地、原料、制造方法、质量或者其他特定品质的标志。

3. 2014 年《北京市高级人民法院关于商标授权确权行政案件的审理指南》第五条第一句

当事人依据其在先注册的普通商标主张他人申请注册的地理标志证明商标或者集体商标违反商标法第十三条第三款或者第三十条的规定不应予以核准注册或者宣告无效的,不予支持。

【代理人评析】

1. 相关条款的立法目的

2013 年《商标法》第 30 条规定,申请人注册的商标不得与他人在同一种商品或类似商品上已经注册或初步审定的商标相同或近似。从本条款的文义上理解,行政机关在审理案件过程中必须对商标是否近似、商品是否类似做出判断,从而决定是否对申请商标予以初审公告或者对注册商标予以撤销或者予以宣告无效。本条款是商标申请在先原则的体现,在商标行政机关审理申请人因相对理由提出的申请时,需要对商标是否近似、商品是否类似做出决定,从而决定商标专用权的归属。在判断商标是否近似、商品是否类似过程中,需要综合考虑商标的整体标样,以及具体核定使用商标,不能将商品与商标分割开来判断。不难理解本条款还有“禁止混淆”的立法本意,以相关公众是否混淆、误认为判断本条款的依据。

2. 商标近似的判断

商标近似的判断是以相关公众的一般注意力为判断原则，需要从商标标识的整体进行判断，而不能单纯地比对商标标识的一部分元素而给出结论。《商标审查及审理标准》中所指的商标近似是指商标文字的字形、读音、含义近似，商标图形的构图、着色、外观近似，或者文字和图形组合的整体排列组合方式和外观近似，立体商标的三维标志的形状和外观近似，颜色商标的颜色或者颜色组合近似，使用在同一种或者类似商品或者服务上易使相关公众对商品或者服务的来源产生误认。从以上规定可以看出，商标近似的判断标准主要是以相关公众的混淆和误认为标准。

(1)以相关公众的一般注意力为标准

在判断商标是否近似时，相关公众的一般注意力是重要的判断元素之一。相关公众，是指与商标核定使用的商品密切相关的公众，可能或者可以接触到指定的商品或者服务的公众。指定使用的商品不同，界定相关公众的标准即不同。例如，指定使用的商品为第 25 类的服装，因为服装为大众消费品，普通的公众均需要购买服装，所以服装的相关公众比较宽泛，一般的公民均可成为服装商品的相关公众，所以在判断第 25 类的商标是否近似时应以更为广泛的公众认识为标准。又如，指定使用的商品为第 1 类的工业气体、单质，因为工业气体为一种化学制品，而工业气体的相关公众为接触工业气体的工厂的采购人员、生产人员及销售人员，并不是普通的公民，所以在判断第 1 类的商标标识是否近似时，应当以更窄的一定范围内的相关公众进行近似判断。

一般注意力，是指相关公众在选购商品或者选择服务时施以正常的注意力，即并不是以对商标标识的熟悉程度来判断近似的标准。比如商标标识只是简单的字母，字母基本相同并且无具体含义，只是个别字母的摆放顺序有所不同，以相关公众的正常注意力难以区分商标标识时，此种类型的商标标识一般将被判定为近似商标。

(2)商标标识整体判断原则

认定是否构成近似商标，需要根据案件的具体情况，最大限度划清商标标识之间的边界与特殊情况下允许构成要素近似商标之间适当共存。一种情况是引证商标与争议商标均具有较高知名度,或者相关商标的共存是特殊条件下形成时,认定商标近似还应根据两者的实际使用状况、使用历史、相关公众的认知状态、使用者的主观状态等因素综合判定,注意尊重已经客观形成的市场格局,防止简单地把商标构成要素近似等同于商标近似,实现经营者之间的包容性发展。典型的例子是(法国)拉科斯特股份公司、(新加坡)鳄鱼国际机构私人有限公司与(香港)鳄鱼恤有限公司之间就鳄鱼图形商标和相关文字商标之间的共存。另一种情况是在后注册商标申请人有在先注册商标,其主张在后商标是在先商标的延伸注册,不会损害他人利益。

3. 商品类似的判定

(1)《类似商品和服务区分表》的作用

商品类似的判定过程中,《类似商品和服务区分表》(以下简称《区分表》)具有不容忽视的作用。《区分表》是商标局以世界知识产权组织提供的《商标注册用商品和服务国际分类》为基础,在商标授权审查的长期实践中形成的,是行政机关审查及商标申请人申请注册商标在选择商品时的基本依据,也是对社会公众基于公示公信力而采取合理避让的重要依据,具有极高的参考价值。在判断商品类似过程中,如果没有商标知名度、在先使用、在先权利等各种其他因素时,建议应当以《区分表》为依据,如果随意跨过《区分表》对商品是否近似进行判断,就会让商标申请人及商标使用人无所适从。

(2)相关公众、消费对象、销售渠道基本相同而突破《区分表》认定为类似商品的情形

司法实践中一般是坚持以遵循《区分表》为主、突破《区分表》为辅的原则。最高人民法院规定《区分表》作为判断类似商品或者服务的参考,一方面,《区分表》具有不容忽视的作用;另一方面,与行政裁决所追求的效率优先不同,司法机关更为强调个案的公正,注重维护市场秩序的稳定,尽可能降低消费者对产品来源混淆误认的可能性,避免社会公共利益受损。因此,在商品或者服务的类似判断中,法院高度重视《区分表》的价值和意义,不得随意突破的同时,也会在个案判断中,充分考虑市场发展的实际情况,在个案中突破《区分表》。典型的类别为第 25 类,服

装、鞋、帽。《区分表》中并没有将第25类的2501的服装与2507的鞋作为类似商品，但是现在商标评审委员会在商标评审案件中考虑到服装与鞋类商品的消费对象、销售渠道、相关公众均基本一致的情况下，认定第25类的全类商品为类似商品。虽然第十版的《区分表》中对第25类商品的类似群组划分进行了调整，对2501～2505年服装类商品全部交叉检索，归为类似商品，但是服装类商品和鞋、帽、袜、手套、领带、围巾、腰带等商品还是分为不同的类似群组。商评委在2015年的法务通讯中明确说明："在2014年的决定与裁定中，我委依据与法院达成的共识，对第25类商品基本是全部判定为类似商品，我委因此败诉的案件也大幅减少。"由于商标申请人申请商标时依《区分表》进行申请，商标局在审查商标是否近似时也基本依据商标《区分表》进行审查，如果商标局与商标评审委员会执行不同的标准，将导致商标申请人无法准确地判断商品类似，从而在申请商标之后对商标投入大量的人力、物力、财力，继而又面临被撤销的风险。

第25类商品全部突破判定为类似商品，会导致复审程序与商标局注册审查程序的标准不一致，造成审查标准上的混乱，影响商标行政机关决定的权威性和当事人对行政行为的可预期性。当事人如果因此类案件起诉至法院必然会导致败诉重裁，浪费了行政资源并增加维权成本。因此，建议商标申请人在申请此类商标时可以综合考虑因为消费对象、销售渠道、相关公众基本一致而突破《区分表》判定商品类似的情况，以免造成不必要的诉累。

(3)由于商标的知名度较高突破《区分表》的判断

实践中，若商品客观属性关联性较强，且他人在先商标知名度较高、两商标近似程度较高，恶意攀附他人商标商誉的意图明显，可以突破《区分表》，判定为类似商品。但商品类似的判定还应以对商品本身客观属性进行分析与对比为基础，包括主要原料、生产部门、生产工艺、功能、用途、销售场所及消费对象等。在具体评审案件审理中，当商品客观属性差别较大时，相关公众不易产生混淆，但是在不同商品上使用可能会使驰名商标所有人长期建立起来的该商标与指定商品时间的强烈联系被弱化或者丑化，或者具有不当利用驰名商标声誉的情况，则会通过驰名商标条款给予跨类保护。

4. 证明商标的审查

(1)证明商标主体资格的审查

根据2013年《商标法》第3条规定,证明商标的申请主体范围是“对某种商品或者服务具有监督能力的组织”,且应满足以下条件:

①申请人应当提交其依法成立的主体资格的证明文件。主体资格证明文件主要包括企业的营业执照,事业单位、社会团体依法成立的批准文件等。

②提供主管部门出具的说明申请人对其指定注册的商品或服务上的特定品质具有检测和监督能力的证明文件。

③必须制定所申请证明商标的使用管理规则。

(2)证明商标使用商品特定品质的审查

证明商标的特定品质主要审查的是证明商标使用商品的特定质量、信誉或者其他特征与该地理标志所标示地区的自然因素或者人文因素所决定。证明商标的品质主要是由自然因素决定的,主要是由该地域所处的经纬度、日照时间、降水量等各种当地特有的自然因素所造就了证明商标特有的品质,如本案的他留乌骨鸡。他留乌骨鸡源于他留山的营山、双河、玉水三个自然村,由于他留山特殊的自然因素造成了他留乌骨鸡肉质细嫩、胶质多、味道鲜美、营养丰富的特定品质。证明的商品的品质主要是由人文因素决定的,主要是指由某个地方的人发明的工艺技法,而经过较长的时间而造就了某种产品特殊的品质,如南京云锦。南京云锦是明代早期南京织锦艺人发明的工艺技法,已有1500多年的手工织造历史。

(3)证明商标使用管理规则的审查

证明商标使用管理规则应当包括以下主要内容:①使用证明商标的宗旨;②该证明商标证明的商品的特定品质;③使用该证明商标的条件;④使用该证明商标的手续;⑤使用该证明商标的权利、义务;⑥使用人违反该使用管理规则应当承担的责任;⑦注册人对使用该证明商标商品的检验监督制度。

证明商标的协会并不使用申请商标,而是负责依据证明商标的使用管理规则监督管理证明商标的使用者,对商品的品质进行监管。一般情况下,均是由地方政府专门成立协会,往往申请证明商标之后将大力带动当地的经济发展。

5. 证明商标与在先商标相冲突的近似性判定

根据2001年《商标法》第28条的规定，申请注册的商标同他人在同一种商品或者类似商品上已经注册的或者初步审定的商标相同或者近似的，由商标局驳回申请，不予公告。本案中，通过争议商标与引证商标的商标标识对比可知，引证商标由中文“他留”，拼音“TALIU”及图形构成，中文“他留”易于被相关公众识别和认读，系其主要识别部分。虽然争议商标和引证商标的显著识别部分均包含“他留”文字，但二者在商标标志的构成要素、整体视觉效果方面均存在较大差异，不属于近似商标标志，不会导致相关公众的混淆。相关公众在对两个商标施以一般的注意力时，可以区分两个商标，并不能仅仅从读音对商标进行近似性判定。

本案中，作为证明商标而申请注册的争议商标，其主要功能在于表明所提供产品的原产地、禽类品种、饲养方式、禽类质量、形态特征等特定品质，这一特定品质主要由永胜县六德乡的自然条件及人文因素所决定。而引证商标为商品商标，其主要功能在于区分商品来源，至于使用商标的商品是否来源于某地区，以及该产品的特定品质等特征是否主要由该地区的自然因素或者人文因素所决定并无直接关联。

因此，在适用《商标法》对是否构成相同或者类似商品上的近似商标比较时，不应将具有不同功能的证明商标和商品商标进行近似性对比。基于以上的不同，争议商标的注册也不会导致相关公众将其与引证商标混淆。

本案争议焦点在于证明商标能否与普通商品商标进行近似性的比对。

2013年《商标法》第8条规定，任何能够将自然人、法人或者其他组织的商品与他人的商品区别开的标志，包括文字、图形、字母、数字、三维标志、颜色组合和声音等，以及上述要素的组合，均可以作为商标申请注册。由此可见，普通商品或服务商标的功能主要在于区分商品或服务来源。

2013年《商标法》第3条第3款规定，证明商标，是指由对某种商品或者服务具有监管能力的组织所控制，而由该组织以外的单位或者个人使用于其商品或者服务，用以证明该商品或者服务的原产地、原料、制造方法、质量或者其他特定品质的标志。由此可见，证明商标的功能主要在于证明该商品或服务的原产地、原料、制造方法、质量或者其他特定品质。

本案被申请人为民政局备案的协会,系该县唯一一家乌骨鸡养殖业协会,该协会现有会员四百余户,带动4000余户农户养殖他留乌骨鸡。由此可见,他留乌骨鸡是当地自然因素而形成的特定品质的产品,被申请人作为管理和监督质量的协会为当地经济发展、带动农民收入做出了巨大的贡献。因此,在适用2001年《商标法》第28条对相关商标是否构成使用在相同或类似商品上的近似商标进行比较时,不应将具有不同功能的证明商标与商品商标、服务商标进行近似性的比对,两商标并存并不会造成相关公众的混淆。

本案一审、二审判决书关于证明商标与商品商标、服务商标不应该进行近似性比对的观点,对同类案件具有借鉴和指导意义。

核心要点二

已经形成稳定的市场秩序与近似商标判定之间的关系

案例2

文德隆钢琴销售有限公司诉商标评审委员会第8584734号图形商标驳回复审行政纠纷案

【案件索引】

一审案号:北京市第一中级人民法院(2014)一中知行初字第2732号行政判决书

二审案号:北京市高级人民法院(2014)高行(知)终字第3768号行政判决书

【基本案情】

2013年9月23日,商标评审委员会作出商评字〔2013〕第77815号关于第8584734号图形(见图2-1)商标(以下简称申请商标)驳回复审决定书,决定对申请商标予以驳回。

申请商标于2010年8月18日由文德隆钢琴销售有限公司(以下简称文德隆

公司)提出注册申请,指定使用在第15类"钢琴、大钢琴"商品上。2011年2月14日,商标局下发驳回通知书,以申请商标与第4127985号"帕尔曼及图"(见图2-2)商标(以下简称引证商标)构成使用在相同或者类似商品上的近似商标,申请商标的注册申请违反2001年《商标法》第28条为由,对申请商标的注册申请予以驳回。文德隆公司在规定时间内提出了驳回复审申请,请求商标评审委员会对申请商标予以初步审定。

文德隆公司提出驳回复审申请的主要理由为:申请商标具有悠久的历史,在相关公众中具有较高的知名度;申请商标与引证商标显著识别部分、文字构成、呼叫、图形构图、表现形式等方面存在明显区别,未构成使用在同一种或类似商品上的近似商标;申请商标与引证商标均借鉴了"里拉琴"元素,"里拉琴"亦是乐器行业常见图案,不应成为引证商标所有人排他使用的元素。提交的主要证据为:申请商标转让申请受理通知书及申请人公司、荣誉等相关情况。

图2-1 文德隆公司的"申请商标"

图2-2 "引证商标"

商标评审委员会认为,申请商标与引证商标中图形部分所占比例较大,视觉冲击较强,而两商标图形部分在整体外观、视觉效果等方面相近,与消费者的整体印象不易区分。两商标共同使用在钢琴与号(乐器)等类似商品上,易引起消费者的混淆与误认,已构成2001年《商标法》第28条所指的使用在类似商品上的近似商标。且申请人提交的在案证据不足以证明申请商标经过使用已经具有一定的知名度,并可与引证商标相区分,据此决定申请商标予以驳回。

文德隆公司不服商标评审委员会做出的驳回复审决定书,向北京市第一中级人民法院提起行政诉讼。文德隆公司在一审阶段起诉的主要理由有:申请商标标志与引证商标标志在构成要素、呼叫、含义及整体外观等方面存在较大差异,不属于近似商标标志;申请人在申请商标之后还申请注册了第9130064号"SEIT 1851及图"商标,该商标图形部分与申请商标相同,说明申请商标标志与引证商标标志不属于近似商标;申请商标具有悠久历史,经过大量商业宣传和使用已经具有了较高的市场知名度,申请商标注册未违反2001年《商标法》第28条的规定。文德隆公司补充提交了包括多位国内知名音乐家、演奏家、舞蹈家出具的证人证言以及使用申请商标的弗尔里希钢琴制造有限公司的悠久历史和所获音乐界世界级大奖的证据,用以证明申请商标历史悠久,经过大量宣传和使用,已经具有较高的市场知名度和影响力。

【判决与理由】

一审法院认为:申请商标标志与引证商标标志的图形部分从整体视觉效果判断存在较大差异,且根据提交的证据材料可以证明,申请商标具有悠久的历史传承,在我国相关公众中具有较高知名度,申请商标标志与引证商标标志不属于近似商标标志。申请商标申请注册未违反2001年《商标法》第28条的规定。因此,判决撤销商标评审委员会的被诉决定,并要求其就驳回复审请求重新作出决定。

商标评审委员会不服一审判决提起上诉,上诉的主要理由为:原审判决认定事实不清,适用法律错误。

二审法院认为:由于引证商标与申请商标均使用在乐器类商品上,因此使用乐器图形是此类商标标志的惯常做法,在此基础上,申请商标标志与引证商标标志的图形部分从整体外形轮廓、各个细节部分的设计上均存在较大的区别,使整体视觉效果形成较大差异。根据提交的证据材料可以证明,申请商标具有悠久的历史传承,在我国音乐界具有较高知名度,相关公众对其具有较高的认知度,在两标志存在上述差异的情况下,不会产生混淆误认。因此,一审法院认定两者不属于近似商标标志,申请商标申请注册未违反2001年《商标法》第28条并无不当,原审判决认定事实清楚,适用法律正确,商标评审委员会的有关上诉理由不能成立,判决驳回上诉,维持原判。

【相关法条】

1. 2013 年《商标法》第三十条

申请注册的商标,凡不符合本法有关规定或者同他人在同一种商品或者类似商品上已经注册的或者初步审定的商标相同或者近似的,由商标局驳回申请,不予公告。

2.《最高人民法院关于审理商标授权确权行政案件若干问题的意见》第一条

人民法院在审理商标授权确权行政案件时,对于尚未大量投入使用的诉争商标,在审查判断商标近似和商品类似等授权确权条件及处理与在先商业标志冲突上,可依法适当从严掌握商标授权确权的标准,充分考虑消费者和同业经营者的利益,有效遏制不正当抢注行为,注重对于他人具有较高知名度和较强显著性的在先商标、企业名称等商业标志权益的保护,尽可能消除商业标志混淆的可能性;对于使用时间较长、已建立较高市场声誉和形成相关公众群体的诉争商标,应当准确把握商标法有关保护在先商业标志权益与维护市场秩序相协调的立法精神,充分尊重相关公众已在客观上将相关商业标志区别开来的市场实际,注重维护已经形成和稳定的市场秩序。

【代理人评析】

1. 维护稳定市场秩序条款的立法目的

本案判决所引用的依据是"对于使用时间较长、已建立较高市场声誉和形成相关公众群体的诉争商标,应当准确把握商标法有关保护在先商业标志权益与维护市场秩序相协调的立法精神,充分尊重相关公众已在客观上将相关商业标志区别开来的市场实际,注重维护已经形成和稳定的市场秩序"。

从此条款的立法者目的来看,使用时间较长、已建立较高市场声誉的诉争商标,一般是已注册商标,但也不排除未核准注册,尤其是处于异议期间的商标。对于这些商标,不仅要考虑诉争商标申请注册时的事实状态,也要考虑案件审理时的事实状态。

由于商标是识别和区分商品的标志,如果诉争商标经过使用,已经形成相关公众群体,且相关公众已在客观上将相关商业标志区别开来的,则不能机械执法,轻易撤销,而应当尊重其客观上已经形成的识别作用,维护已经形成和稳定的市场秩序。对于涉及使用时间较长的诉争商标绝对理由的审查判断,也可视案情参照该政策导向执行。比如,有些诉争商标申请注册时存在夸大宣传或其他引人误解的可能,但是经过长期使用,相关公众已经将其认知为商标,不会被误导,也不会损害其他公共利益和公共秩序的,则可以予以核准注册或不予撤销。例如,在拉科斯特股份有限公司诉(新加坡)鳄鱼国际机构私人有限公司、上海东方鳄鱼服饰有限公司北京分公司商标侵权纠纷案中,最高人民法院认为,从诉争标识在中国市场的共存和使用情况看,两者在中国市场内已拥有各自的相关公众,在市场上均已形成客观的划分,已成为可区别的标识。该认定事实上亦认可鉴于稳定市场秩序的形成,诉争商标已经具有了可识别性。当然,这绝不意味着使用时间较长的商标一律不能撤销。如果诉争商标有损公共利益或者公共秩序,或者虽经过长期使用,与在先商业标志共存仍容易导致混淆误认,又或者诉争商标申请注册损害了他人著作权等在先权利,由于《商标法》明确规定了相应的争议期限,如在先权利人在法定期限内提出主张,不因诉争商标使用时间较长而豁免。

北京市高级人民法院于 2014 年发布的《北京市高级人民法院关于商标授权确权行政案件的审理指南》(以下简称《审理指南》)第 10 条、第 11 条、第 12 条和第 13 条可以看作对《最高人民法院关于审理商标授权确权行政案件若干问题的意见》第 1 条的具体适用进行了进一步的阐释和更具体的规定。

2. 时间期限

《审理指南》第 10 条规定,当事人主张其尚未获准注册的诉争商标经过使用已经形成稳定的市场秩序能够与引证商标相区分,但不能证明其诉争商标在引证商标申请日前已持续使用的,不予支持。该条明确了尚未取得注册的诉争商标必须在引证商标申请日前就已经进行实际使用,为诉争商标划定了时间界限。需要指出的是,该条规定并不包含已经注册的商标,由于已经注册的商标业已获得商标局的核准，说明商标局经过充分的审查并且判断所申请的商标不会落入近似商标的范畴，在此解决了诉争商标能否获得注册的问题，如果对引证商标权人而言，对此诉争商标有异议还可以通过无效宣告程序进行救济，故只需明确尚未取得注册的诉争商标即可。

在此规定诉争商标必须在引证商标申请日前就已经进行实际使用，其目的在于：如果是在引证商标申请日之后才使用，诉争商标有涉嫌抄袭之嫌，会对引证商标权人会造成的不公平，而且商标是采用注册制原则，谁先申请归谁所有，如果是在引证商标申请日之后才使用，完全有可能是抄袭而来的。而且本条款主要是为了解决诉争商标已经形成稳定的市场秩序，从法理上也要求诉争商标是引证商标申请日前就已经实际使用，稳定的市场秩序是需要时间来证明的，只有在申请日前的实际使用才有可能证明其已经形成稳定的市场秩序。

北京市高级人民法院（2014）高行终字第 2832 号行政判决书就依据此规定做出相关判决。该判决认定，虽然第 5413147 号被异议商标“乐百惠”商标经过使用已经具有一定知名度，但是其使用晚于引证商标“特百惠”的核准注册日，因此，被异议商标的使用不具有合理性，也不能产生与引证商标相区分的效果，被异议商标的注册申请违反了《商标法》第 28 条的规定。在此法院认为虽然诉争商标有一定的知名度，但是使用时间晚于引证商标，故不支持诉争商标获得核准注册。

在本案中，引证商标是 2004 年 6 月 21 日申请注册的，核定使用在第 15 类乐器等商品上，申请商标则于 2010 年 8 月 18 日申请注册，但申请商标具有悠久的历史传承，在我国音乐界具有较高知名度，相关公众对其具有较高的认知度，以此来证明在 2004 年 6 月 21 日前就已经有实际使用，从而符合《审理指南》第 10 条的规定。

3. 举证责任

《审理指南》第 11 条规定，诉争商标申请注册人对其提出的诉争商标经过使用已经形成稳定的市场秩序能够与引证商标相区分的主张，应当提供诉争商标使用、知名度以及相关公众不会将诉争商标和引证商标相混淆等证据予以证明。引证商标权利人也可以提交相关公众容易将诉争商标与引证商标相混淆的证据。第 13

条则是有关于当事人可以提供市场调查结论作为证据的规定。这些条款明确规定了举证责任应当由主张诉争商标经过使用已经形成稳定市场秩序能够与引证商标相区分的诉争商标申请人承担，证明其诉争商标的使用、知名度已经达到与引证商标不会混淆的举证责任，同时也赋予了引证商标权利人证明诉争商标与引证商标会造成混淆的举证权利。

对于诉争商标申请人而言，可以依据此条款规定的使用时间、范围、方式等方面来证明其使用，并且证明通过这些使用已经获得知名度，当然最重要的证据在于证明诉争商标与引证商标不会造成混淆。此时如果诉争商标经由大量使用，其知名度已高于引证商标，从常识角度而言，诉争商标不会存在搭便车的情形。诉争商标绝对是因为注册人自身的有效经营，使消费者认同，而不是依靠引证商标来获得其知名度，此时可以认定消费者的认知情况发生了重大变化，能区分出诉争商标和引证商标。商标局需要对诉争商标予以核准注册，不然会损害诉争商标申请人的利益，而给予引证商标超限度的保护，造成不公平的现象。

对于引证商标权利人而言，法律虽然赋予其证明引证商标与诉争商标会造成混淆的权利，但是主动证明引证商标与诉争商标造成混淆比较困难，一方面可以借助司法鉴定机构来证明，另一方面引证商标权利人可以坚持打击侵权行为，如果诉争商标申请人继续其恶意侵权行为，导致诉争商标一直在使用，则在此情况下不认定为已形成稳定的市场秩序。

本案中，申请商标根据提交的证据材料可以证明，申请商标具有悠久的历史传承，在我国音乐界具有较高知名度，相关公众对其具有较高的认知度，在两标志存在上述差异的情况下，不会产生混淆误认。诉争商标申请注册人提供了国内知名音乐家、演奏家、舞蹈家出具的证人证言以及使用申请商标的弗尔里希钢琴制造有限公司的悠久历史和所获得音乐界世界级大奖的证据，这些证据都是在申请商标所在市场领域形成的，构成了市场调查结论。是否会造成混淆是对所述市场领域而言，上述证据中知名音乐家等的证人证言虽然不是从普通民众的角度提供证据，但是音乐界的名人效应非常明显，此证人证言具有较强说服力，其中，诉争商标还获得音乐界世界级大奖，一般所属市场领域公众都会关注相关的世界级奖项，故这个证据能很好地在市场领域提供证明作用。另外引证商标权利人(案外人高要市金渡镇帕尔曼五金乐器厂)却没有参加诉讼,也没有向商标评审委员会提出异议,没去证明申请商标与引证商标会造成混淆,故法院依据申请商标方提供的证据进行审理。

4. 主观意图

《审理指南》第 12 条规定,对诉争商标申请注册人提出的诉争商标经过使用已经形成稳定的市场秩序能够与引证商标相区分的主张,应当根据诉争商标申请注册人提供的证据并结合引证商标权利人提供的证据以及诉争商标申请注册人的主观状态等因素综合加以认定。

诉争商标申请注册人在申请注册时的主观意图也需要进行考察,如果其主观意图就是想用与引证商标近似的商标,抄袭引证商标,此时存在主观上的恶意,法院在审判时需要注意。但是,如果申请注册人能提供证据证明其主观意图并不是抄袭引证商标,而是经过自己的智力劳动,创造出诉争商标,并没有参考引证商标,此时则不能认定商标申请注册人的主观恶意,当然,需要申请注册人提供相关的证据进行证明。

本案中,诉争商标具有悠久历史,经过大量商业宣传和使用已经具有较高的市场知名度,诉争商标是申请注册人已经在国外进行了商标申请,并不是参考和引用引证商标基础,对引证商标进行改造而申请的诉争商标,故诉争商标申请注册人在主观上不存在恶意。

本案一审、二审判决书关于对于使用时间较长、已建立较高市场声誉和形成相关公众群体的诉争商标不会构成近似商标的观点,对同类案件具有借鉴和指导意义。

核心要点三

商标文字完整包含在先商标文字的近似判定

案例 3

扬州欣和科技生物有限公司诉商评委及第三人扬州欣欣食品有限公司第 3742154 号“親親优士多”商标争议行政纠纷案

【案件索引】

一审案号：北京市第一中级人民法院(2010)一中知行初字第 2064 号行政判决书

二审案号：北京市高级人民法院(2010)高行终字第 1166 号行政判决书

【基本案情】

2008 年 11 月 14 日，扬州欣欣食品有限公司(以下简称欣欣公司)对扬州欣和生物科技有限公司(以下简称欣和公司)注册的第 3742154 号“親親优士多”(见图 3－1)商标(以下简称争议商标)提出撤销注册申请。争议商标于 2003 年 10 月 8 日提出申请，并于 2005 年 5 月 28 日获得核准注册，核定使用于“咖啡饮料、茶、蜂蜜、燕麦粥、八宝饭、粥、谷类制品、方便面、豆浆、调味品”等商品上。

欣欣公司提出争议申请的主要理由为：争议商标与欣欣公司第601558号“親親”（见图3－2）商标（以下简称引证商标一）、第3210645号“親親”（见图3－3）商标（以下简称引证商标二）在商标上构成近似，核定使用的商品构成类似，与两引证商标构成使用在相同或类似商品上的近似商标；欣和公司注册争议商标具有恶意，且在争议商标实际使用中突出表现“親親”二字，产品外包装侵犯了欣欣公司的商标专用权和外观设计专利权；且欣欣公司的“亲亲”商标已经构成事实上的驰名商标，因此，争议商标的注册申请违反了2001年《商标法》第28条、第31条的规定。①欣欣公司提交的主要证据包括商标注册证、外观设计专利证书，证明申请人商标注册情况及外观设计专利情况等。

图3－1　欣和公司注册的“争议商标”

图3－2　欣欣公司注册的“引证商标一”

图3－3　欣欣公司注册的“引证商标二”

欣和公司答辩的主要理由为：争议商标与两个引证商标在读音、外观、含义等各方面均具有明显差异，不构成使用在相同或者类似商品上的近似商标。且争议商标申请注册的时间早于申请人外观设计的授权公告日期，争议商标的注册未违反2001年《商标法》第28条、第31条的相关规定。

商标评审委员会认为，欣欣公司易拉罐外观设计专利的授权公告日期为2008年10月1日，该日期晚于争议商标的申请注册日期2003年10月8日，因此，欣欣公司认为争议商标侵犯其外观设计专利权缺乏事实依据。但争议商标与引证商标一、引证商标二已构成使用在相同或者类似商品上的近似商标，据此裁定争议商标予以撤销。

欣和公司不服商标评审委员会做出的无效宣告裁定书，向北京市第一中级人

① 该条对应的是2013年《商标法》第32条，法条内容没有变化。

民法院提起行政诉讼。欣和公司在一审阶段起诉的主要理由:争议商标与两个引证商标在读音、外观、含义等方面存在明显差异;且被申请人对争议商标进行了大量商业宣传和使用,相关公众能够区分商品的来源。因此,商标评审委员会认定事实和适用法律均有错误,争议商标的注册并未违反2001年《商标法》第28条的规定。欣和公司补充提交了多份商户《证明》,用以证明争议商标通过使用,具有较高市场知名度,相关公众能够区分商品来源。

【判决与理由】

一审法院认为:争议商标中"親親"文字的字体及表现形式与两个引证商标完全相同,争议商标包含了两引证商标,其整体含义与两引证商标含义无明显区别,两商标在文字组成、呼叫及视觉效果等方面近似;争议商标核定使用的部分商品与两引证商标核定使用的部分商品属于相同群组,构成相同或类似商品,部分商品虽然分属于不同群组,但属相关商品,结合引证商标一曾多次被认定为"江苏省著名商标",且欣和公司与欣欣公司同处江苏省扬州市,易使消费者将争议商标与欣欣公司联系在一起或认为两者存在某种关联,从而对商品来源产生混淆、误认。欣和公司提交的相关证明缺乏其他证据佐证,其证明内容不予采信。因此,判决维持被诉裁定。

欣和公司不服一审判决提起上诉,上诉的主要理由为:争议商标与两引证商标在音、形、义上存在根本区别,不构成近似商标;欣和公司与欣欣公司存在关联关系,且欣欣公司曾许可欣和公司使用"親親"商标,相关消费者能够区分两公司的产品;欣和公司提交的证据材料能够充分证明争议商标与两引证商标存在根本区别,不会引起消费者的混淆误认;此外,欣和公司认为商标评审委员会超越职权,不应将商品纳入审查范围,一审判决应予以撤销。

二审法院认为:欣和公司与欣欣公司存在关联关系,欣欣公司对其注册争议商标不反对的理由证据不足,不予支持;争议商标包含了两引证商标的全部内容,且表现形式完全相同,争议商标与两引证商标标志构成近似,核定使用在相关商品上时容易导致消费者的混淆与误认。其中,认定商品或服务是否类似,应当以相关公众对商品或服务的一般认识综合判断，一审法院和商标评审委员会虽然使用了相关商品的概念，但并不影响对商品类似的判断。因此，一审判决审理程序合法，认定事实清楚，适用法律正确，应予维持，判决驳回上诉，维持原判。

【相关法条】

1. 2013年《商标法》第三十条

申请注册的商标，凡不符合本法有关规定或者同他人在同一种商品或者类似商品上已经注册的或者初步审定的商标相同或者近似的，由商标局驳回申请，不予公告。

2. 2013年《商标法》第三十二条

申请商标注册不得损害他人现有的在先权利，也不得以不正当手段抢先注册他人已经使用并有一定影响的商标。

3. 2013年《商标法》第四十五条第一款

已经注册的商标，违反本法第十三条第二款和第三款、第十五条、第十六条第一款、第三十条、第三十一条、第三十二条规定的，自商标注册之日起五年内，在先权利人或者利害关系人可以请求商标评审委员会宣告该注册商标无效。对恶意注册的，驰名商标所有人不受五年的时间限制。

4. 2010年《最高人民法院关于审理商标授权确权行政案件若干问题的意见》第十六条

人民法院认定商标是否近似，既要考虑商标标志构成要素及其整体的近似程度，也要考虑相关商标的显著性和知名度、所使用商品的关联程度等因素，以是否容易导致混淆作为判断标准。

【代理人评析】

1. 2001年《商标法》第28条于本案的意义

2001年《商标法》第28条规定，申请注册的商标，凡不符合本法有关规定或者同他人在同一种商品或类似商品上已经注册的或者初步审定的商标相同或者近似的，由商标局驳回申请，不予公告。这一条文在2013年《商标法》中也被延续下来。从理论上讲，本条文是建立在商标侵权中“混淆理论”的基础上。从文义上来看，本条款的立法目的在于避免商标的重复授权，商标局在商标注册审查中必须对申请商标与引证商标的商品或者服务范围是否构成类似以及商标是否近似这两部分作出评议，如果同时满足了以上两个条件，则将不授予申请商标的商标专用权。同时，这一条款也成为商标异议程序或者无效宣告程序中的重要法律依据。《最高人民法院关于审理商标民事纠纷案件适用法律若干问题的解释》（以下简称《解释》）中认为商标法规定的商标近似，是指被控侵权的商标与原告的注册商标相比较，其文字的字形、读音、含义或者图形的构图及颜色，或者其各要素组合后的整体结构相似，或者其立体形状、颜色组合近似，易使相关公众对商品的来源产生误认或者认为其来源与原告注册商标的商品有特定的联系。上述《解释》虽然是针对商标民事案件中商标近似判定作出的规定，对于行政案件亦具有一定的参考价值。

本案中，争议商标“親親优士多”与两个引证商标均属于包含关系，在所属商品或者服务领域构成类似的前提下，厘清争议商标与引证商标在不同包含情形下是否构成商标近似，对商标侵权以及行政确权的司法实践中具有极高指导价值。

2. 近似商标属于包含关系的判断原则

（1）争议商标包含引证商标

《商标审查及审理标准》规定，当商标完整地包含他人在先具有一定知名度或者显著性较强的商标标识，易使相关公众认为属于系列商标而对商品或者服务的来源产生混淆的，应判定为近似商标。这一判断标准在法院审理商标确权纠纷案件中也同样适用。

在商标评审委员会与新疆天山金冠果业有限公司有关“楼兰蜜语”商标驳回一案中，[①]一审法院认为第14787834号“楼兰蜜语LOU LAN MI YU及图”商标（本部

① 北京市高级人民法院（2016）京行终4201号行政判决书。

分以下简称诉争商标）为图文组合商标，由汉字“楼兰蜜语”及其对应拼音“LOU LAN MI YU”及图形组成，显著识别部分为汉字部分“楼兰蜜语”。第 1675269 号“楼兰 LOU LAN 及图”商标（本部分以下简称引证商标一）由汉字“楼兰”、对应拼音“LOU LAN”及图形组成，显著识别部分为汉字部分“楼兰”。第 5486580 号“楼兰原茶 LOU LAN YUAN CHA”商标（本部分以下简称引证商标二）由汉字“楼兰原茶”及其对应拼音“LOULANYUANCHA”组成，因“原茶”在“茶饮料”等商品上显著性较低，引证商标二的显著部分为汉字“楼兰”。诉争商标显著部分“楼兰蜜语”完整包含引证商标一、二的显著部分汉字“楼兰”，且含义并无明显差别，应认定为近似商标。诉争商标指定使用的“茶饮料、谷类制品”等商品与引证商标一、二核定使用的“茶饮料、面粉”等商品，在功能、用途、生产部门、销售渠道、消费群体等方面相同或相近，已构成同一种或类似商品。诉争商标与引证商标一、二如在上述同一种或类似商品上并存，易使相关公众产生混淆误认，故诉争商标与引证商标一、二构成使用在类似商品上的近似商标。

二审法院延续了一审法院的审理思路，认为根据我国相关公众对图文组合商标的认读习惯，其通常通过文字部分的呼叫和文字构成进行识别，因此“楼兰蜜语”是诉争商标的显著识别部分，并且引证商标一和引证商标二中“楼兰”二字均构成两注册商标的显著识别部分。诉争商标与引证商标一、二均含有文字“楼兰”及其对应拼音“LouLan”，诉争商标的显著识别部分完整包含了引证商标一、二的显著识别文字“楼兰”，二者在文字、构成要素和排列方式上相似程度较高，若共同使用于同一种或类似商品上，相关公众在施以一般注意的情况下，容易认为使用上述商标的商品系来源于同一主体或者两者之间有特定联系，从而产生混淆误认。因此，驳回了上诉，维持一审判决。

（2）引证商标包含争议商标

根据我国《商标审查及审理标准》（2017 年版）中有关商标近似审查的规定，对于文字商标，两商标或者其中之一由两个或者两个以上相对独立的部分构成，其中显著部分近似，易使相关公众对商品或者服务的来源产生混淆的，判定为近似商标。例如，以下两组商标即构成近似商标：

图3－4　组一

图3－5　组二

在这两组商标中，后一商标均为前一商标的组成部分，且均构成前一商标的显著部分，因此能被认定为商标近似。在第13113276号“點都德”商标无效宣告案中，“點都德”商标（见图3－6）由广州市硕诚通信科技有限公司（本案被申请人）于2013年8月21日提出注册申请，2015年1月28日获准注册，核定使用在第30类糕点等商品上。2015年4月30日，该商标被广州市国康餐饮管理有限公司（本案申请人）提出无效宣告请求。本案中，申请的商标由文字与图形相组合而成，争议商标与申请人独创并已在先注册的第11263382号“点都德及图”商标（见图3－7）中文完全相同。

图3－6　本案被申请人注册的“點都德商标”

图3－7　本案被申请人注册的“点都德及图”商标

商标评审委员会认为，在争议商标（见图3－6）申请注册日之前，引证商标尚未初步审定或获准注册，但引证商标的申请注册日早于争议商标的申请注册日，故本案应适用《商标法》第31条进行审理。本案中，申请人的引证商标（见图3－7）的显著认读部分“点都德”为非常见汉字组合，具有较强的独创性。争议商标“點都德”与引证商标显著认读部分在文字构成、呼叫等方面相同，仅字体略存差异。同时，争议商标指定使用的糕点、谷粉制食品、谷类制品等商品与引证商标一、二核定使用的餐厅、饭店等服务具有较强的关联性。两商标共存易造成相关公众对商品来源产生混淆误认。因此，争议商标与引证商标已构成2013年《商标法》第31条所指使用在类似商品上的近似商标之情形。

(3)组合他人在先注册商标

在实践中，由于商标的大量注册导致公共资源的不断减少，商标的申请越来越难以获得注册，因此很多商标为注册申请人组合他人商标而产生的新的标识，这一类的商标在商标审查过程中也时常面临被驳回的风险。在第21780363号“艺品天下 YIFINTIANXIA 及图”商标驳回复审一案中，申请人欲在第20类商品上注册第21780363号“艺品天下 YIFINTIANXIA 及图”商标(见图3-8)，商标局引证第3169356号“艺品 YIPIN 及图”商标(本部分以下简称引证商标一，见图3-9)、第8192907号“藝及图”商标(本部分以下简称引证商标二，见图3-10)。

图3-8　申请人欲注册的商标

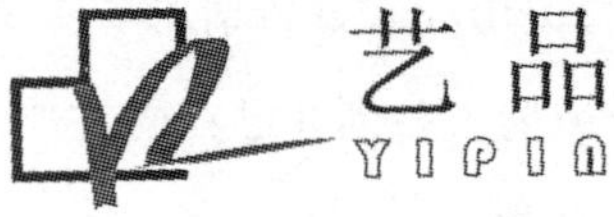

图3-9　“引证商标一”

图3-10　“引证商标二”

商标评审委员会认为，申请商标文字部分与引证商标一均包含显著识别中文“艺品”，其图形部分与引证商标二的图形部分均由经艺术设计的“藝”组成，均构成近似标识。申请商标指定使用的家具等商品与引证商标一核定使用的茶几等商品、引证商标二核定使用的家具等商品属于同一种或类似商品。若申请商标与两引证商标共存于市场，易造成相关消费者对商品的来源产生混淆或误认，已分别构成《商标法》第30条所指的使用在同一种或类似商品上的近似商标。申请人提供的证据尚不足以证明申请商标经过使用已产生可以与引证商标一、二相区分的显著性。因此，商标评审委员会驳回了申请人的复审申请。

《商标审查及审理标准》中也对将权利人多个不同注册商标组合起来的标志与

他人在先商标是否构成近似做出说明,认为多个注册商标组合在一起的排列方式有多种,权利人未将其组合形式注册为商标的,不能用该组合形式与被控侵权商标进行比对,应当将权利人的各个注册商标分别与被控侵权商标进行比对,判断是否近似。

综上所述,商标申请过程中,由于申请商标并未获得注册,所以一般与在先注册的商标具有包含关系的以驳回为准。

3. 商标的知名度较高对于包含关系近似商标的影响

最高院颁布的《最高人民法院关于审理商标授权确权行政案件若干问题的意见》第16条明确提出,在判断是否构成近似商标时,既要考虑商标标志构成要素及其整体的近似程度,也要考虑相关商标的显著性和知名度、所使用商品的关联程度等因素,以是否容易导致混淆作为判断标准。需要注意的是,在考察商标是否具有知名度时,不仅要对引证商标(在先商标)的显著性和知名度作一考察,也要考虑争议商标的知名度与显著性。如果争议商标已经投入使用,通过考虑其商标实际市场使用情况,是否会导致混淆等来确定其知名度与显著性,对于尚未投入使用的诉争商标,则需要拟制假设行业的一般使用情形进行判断,避免出现消费者混淆的可能性。对于知名度较高的商标,即使在商标构成上与在先商标形成包含关系,但消费者若能将两者所指示的商品或者服务来源区分开来,也可获得注册。

具有包含关系的近似商标是否能获得注册,首先,应认定指定使用的商品或者服务是否属于同一种或者类似商品或者服务,如果不构成类似,在排除商标法中有关不正当手段抢注行为的条件下,则更加容易获得注册。其次,应从商标本身的形、音、义和整体表现形式等方面,以相关公众的一般注意力为标准,并采取整体观察与比对主要部分的方法,判断商标标志本身是否相同或者近似。具有包含关系,并不意味着绝对不能被注册,只要所包含的部分并不是引证商标的显著部分或者主要部分,也是有可能获得注册的。最后,考虑引证商标与争议商标的知名度,引证商标知名度越高,越不利于商标的注册。相反,争议商标在市场上的知名度越高,则不容易使消费者造成混淆,则予以注册的可能性就越高,商标在之后的使用中也更加容易被维持。

核心要点四

拼音商标与外文商标近似的判定

案例 4

浙江三星机电股份有限公司诉商评委及第三人三星电子株式会社第 3642951 号“SANXING 及图”商标异议复审行政纠纷案

【案件索引】

一审案号：北京市第一中级人民法院(2011)一中行初字第 2741 号行政判决书

二审案号：北京市高级人民法院(2014)高行终字第 592 号行政判决书

【基本案情】

2003 年 7 月 22 日，浙江三星机电股份有限公司（以下简称浙江三星公司）向商标局提出第 3642951 号“SANXING 及图”商标（以下简称被异议商标，见图 4－1）的注册申请，指定使用在第 7 类“洗衣机、轴承（机器零件）、减速离合器、齿条沿轮传动装置、机器、马达和引擎调速器”商品上。2005 年 10 月 21 日，被异议商标经商标局初步审记并公告。

第1597736号“三星SAMSUNG及图”商标(以下简称引证商标一,见图4－2)核定使用在第7类“家用洗衣机、过滤器(机器或引擎部件)、气化装置、水分离器、工业用振荡器(机器)”等商品上,商标注册人为三星电子株式会社。该商标申请日期为1999年6月17日,核准注册日期为2001年7月7日,经续展,专用权期限至2021年7月6日。

在法定异议期内,三星电子株式会社就被异议商标向商标局提出异议申请。2009年7月8日,商标局作出(2009)商标异字第10808号《“SANXING及图”商标异议裁定书》(以下简称第10808号裁定),认为:被异议商标与三星电子株式会社于类似商品上在先注册的“SAMSUNG”等商标未构成近似,三星电子株式会社称浙江三星公司恶意复制、摹仿、抄袭其引证商标证据不足,据此,根据2001年《商标法》第33条的规定,[①]裁定被异议商标予以核准注册。

图4－1 浙江三星公司申请的“被异议商标”

图4－2 三星电子株氏会社注册的“引证商标一”

---

① 该条对应的是2013年《商标法》第35条,条文内容修改为:“对初步审定公告的商标提出异议的,商标局应当听取异议人和被异议人陈述事实和理由,经调查核实后,自公告期满之日起十二个月内做出是否准予注册的决定,并书面通知异议人和被异议人。有特殊情况需要延长的,经国务院工商行政管理部门批准,可以延长六个月。商标局做出准予注册决定的,发给商标注册证,并予公告。异议人不服的,可以依照本法第四十四条、第四十五条的规定向商标评审委员会请求宣告该注册商标无效。商标局做出不予注册决定,被异议人不服的,可以自收到通知之日起十五日内向商标评审委员会申请复审。商标评审委员会应当自收到申请之日起十二个月内做出复审决定,并书面通知异议人和被异议人。有特殊情况需要延长的,经国务院工商行政管理部门批准,可以延长六个月。被异议人对商标评审委员会的决定不服的,可以自收到通知之日起三十日内向人民法院起诉。人民法院应当通知异议人作为第三人参加诉讼。商标评审委员会在依照前款规定进行复审的过程中,所涉及的在先权利的确定必须以人民法院正在审理或者行政机关正在处理的另一案件的结果为依据的,可以中止审查。中止原因消除后,应当恢复审查程序。”

三星电子株式会社不服第10808号裁定，向商标评审委员会申请复审，其理由是：三星电子株式会社为知名的数字电视、手机等产品的生产商，其“SAMSUNG及图”“三星”商标经过长期使用及宣传，在世界及中国市场上已具有较高的知名度，被异议商标的对应中文“三星”与三星电子株式会社的引证商标一、第3169825号“三星”商标（以下简称引证商标二，见图4－3）核定使用的商品构成相同或者类似商品，并且在整体外观、呼叫等方面相近，且考虑到三星电子株式会社“三星“SAMSUNG及图”“三星”商标的知名度，两商标共存易导致消费者混淆、误认，构成类似商品上的近似商标，被异议商标注册可能会损害三星电子株式会社的合法权益；浙江三星公司曾于2002年专门前往韩国参观三星电子株式会社的企业，浙江三星公司觊觎三星电子株式会社商标的商业价值，其申请注册被异议商标的行为具有明显的恶意性，违反了诚实信用原则。

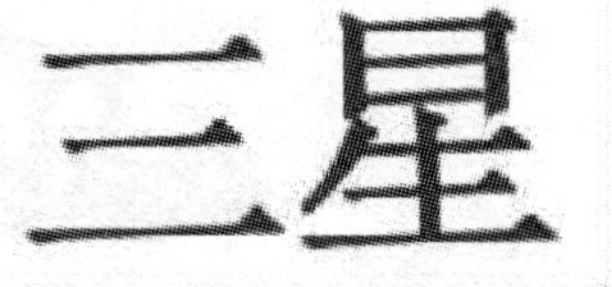

图4－3　三星电子株氏会社注册的“引证商标二”

2011年7月4日，商标评审委员会作出商评字（2011）第13209号关于第3642951号“SANXING及图”商标异议复审裁定（以下简称第13209号裁定）。该裁定认为：被异议商标指定使用的商品与引证商标二核定使用的“电动榨水果机、播种机”等商品在功能、用途等方面区别明显，不属于相同或类似商品，因此，被异议商标与引证商标二未构成使用在同一种或类似商品上的近似商标。被异议商标指定使用的“轴承（机器零件）”商品与引证商标一指定使用的“过滤器（机器或引擎部件）”等商品在功能、用途等方面区别明显，不属于相同或类似商品。被异议商标为图文组合商标，其图形部分为三个相互叠加的五角星图形，与文字“SANXING”组合使用，易使相关公众将其认读为汉字“三星”的汉语拼音从而指向“三星”，因此，被异议商标与引证商标一的呼叫、含义相近。加之三星电子株式会社企业名称的显著识别部分为“三星”两字，亦加深相关公众对双方商标的混淆性，被异议商标与引证商标一并存于除“轴承(机器零件)”商品之外的同一种或类似商品上,易使相关公众认为其与三星电子株式会社商标源自同一市场主体或与三星电子株式会社具有某种特殊联系,从而引起混淆、以致对商品来源产生误认。在上述商品上,被异议商标与引证商标一已构成2001年《商标法》第28条规定的使用在同一种或者类似商品上的近似商标。另外,浙江三星公司所述其第510947号“三星及图”商标,专用期至2000年1月29日,该商标已被商标局依法注销,且该商标核定使用的商品与被异议商标指定使用的商品不完全相同。因此,该商标曾在先注册的事实不能成为被异议商标核准注册的当然理由。三星电子株式会社提交的证据不足以证明,在被异议商标申请注册之前,三星电子株式会社的“三星”等商标在音像制品、家用电器等商品上已达驰名程度,况且被异议商标指定使用的“轴承(机器零件)”商品与上述商品关联性不强,因此,被异议商标使用在“轴承(机器零件)”商品上不致引起相关公众混淆,从而损害三星电子株式会社利益。三星电子株式会社依据2001年《商标法》第13条第2款的规定,①请求被异议商标不予核准注册的主张,不予支持。依据2001年《商标法》第28条、第33条、第34条②及《商标法实施条例》第23条第1款的规定,③裁定:被异议商标在“轴承(机器零件)”商品上予以核准注册,在其他商品上不予核准注册。

【判决与理由】

一审法院认为:类似商品是指功能、用途、生产部门、销售渠道、消费对象等方面相同,或者相关公众一般认为其存在特定联系、容易造成混淆的商品。本案中,

① 该条对应的是2013年《商标法》第13条第3款,法条内容没有变化。

② 该条对应的是2013年《商标法》第36条,条文内容修改为:“法定期限届满,当事人对商标局做出的驳回申请决定、不予注册决定不申请复审或者对商标评审委员会做出的复审决定不向人民法院起诉的,驳回申请决定、不予注册决定或者复审决定生效。经审查异议不成立而准予注册的商标,商标注册申请人取得商标专用权的时间自初步审定公告三个月期满之日起计算。自该商标公告期满之日起至准予注册决定做出前,对他人在同一种或者类似商品上使用与该商标相同或者近似的标志的行为不具有追溯力;但是,因该使用人的恶意给商标注册人造成的损失,应当给予赔偿。”

③ 2014年《商标法实施条例》将该条内容删除。

浙江三星公司认可被异议商标指定使用的“洗衣机”与引证商标一核定使用的“家用洗衣机”构成类似商品，但认为被异议商标指定使用的“减速离合器、齿条齿轮传统装置、机器、马达和引擎调速器”与引证商标一核定使用的“过滤器（机器或引擎部件）、气化装置、水分离器、工业用振荡器（机器）”不属于相同或类似商品。尽管被异议商标指定使用的“减速离合器、齿条齿轮传统装置、机器、马达和引擎调速器”在《类似商品和服务区分表》（基于尼斯分类第九版）中并无明确记载，但是浙江三星公司申请注册被异议商标时，将前述商品申请注册于 0750 群组，且前述商品与引证商标一核定使用的“过滤器（机器或引擎部件）、气化装置、水分离器、工业用振荡器（机器）”在生产部门、销售渠道、消费对象等方面相同或相近，相关公众一般会认为两者存在特定联系、容易造成混淆。据此，被异议商标指定使用的“洗衣机、减速离合器、齿条齿轮传统装置、机器、马达和引擎调速器”与引证商标一核定使用的“家用洗衣机、过滤器（机器或引擎部件）、气化装置、水分离器、工业用振荡器（机器）”属于相同或类似商品。

商标近似是指商标文字的字形、读音、含义或者图形的外观近似，或者文字和图形组合的整体排列组合方式和外观近似，使用在相同或者类似商品上易使相关公众对商品的来源产生误认。本案中，被异议商标由图形和“Sanxing”组成，引证商标一则由中文“三星”“SAMSUNG”及图形构成。两商标图形设计要素和体现的风格区别明显，整体差异较大。从文字构成上看，被异议商标为字母“Sanxing”，引证商标一由中文“三星”及字母“SAMSUNG”组成，其中文“三星”对应的字母为“SAMSUNG”，并非“Sanxing”。虽然被异议商标中的“Sanxing”可以被认读为“三星”，但相关公众更容易想到其指向的是浙江三星公司的字号，而非引证商标一中的文字“三星”。此外，浙江三星公司早于 1982 年即已成立，一直使用“三星”字号，其在被异议商标中使用“Sanxing”具有合理性，并无恶意。由于两商标构成要素不同，整体含义和外观区别明显，不易使相关公众对商品的来源产生误认。据此，被异议商标与引证商标一不属于近似商标。被异议商标与引证商标一未构成 2001 年《商标法》第 28 条所指的同一种或类似商品上的近似商标，商标评审委员会关于被异议商标的申请注册违反《商标法》第 28 条的规定的认定错误，应予纠正。综上所述,北京市第一中级人民法院依照《行政诉讼法》第 54 条之规定,判决撤销第 13209 号裁定,商标评审委员会重新作出裁定。

商标评审委员会不服一审判决提起上诉,上诉的主要理由为:被异议商标与引证商标一构成近似商标,两商标构成 2001 年《商标法》第 28 条所指的同一种或类似商品上的近似商标。

二审法院认为:虽然被异议商标指定使用的商品与引证商标一核定使用的相关商品构成类似商品,但被异议商标商标标志由图形和"Sanxing"构成,引证商标一的商标标志则由中文"三星""SAMSUNG"及图形构成,两商标标志设计要素和体现的风格区别明显,整体差异较大。虽然可以将被异议商标中的"Sanxing"部分作为中文"三星"的汉语拼音加以认读,但在浙江三星公司的前身浙江三星洗衣机配件厂于 1982 年即已成立、相关市场秩序已经形成并稳定的情况下,相关公众更容易将其与浙江三星公司的字号或者企业名称联系起来,被异议商标能够起到区分商品来源的作用,相关公众不会单纯因为被异议商标的注册使用而将使用该商标的商品与三星电子株式会社联系起来,从而造成商品来源的混淆误认。故综合考虑被异议商标与引证商标一在标志本身上的显著区别、客观上已经存在的市场秩序等因素,被异议商标与引证商标一不构成近似商标,被异议商标的申请注册并未违反 2001 年《商标法》第 28 条的规定。原审判决的相关认定并无不当,本院予以维持。商标评审委员会的上诉理由缺乏事实依据,不予支持。一审判决认定事实清楚,适用法律正确,程序合法,依法应予维持。

【相关法条】

1. 2013 年《商标法》第三十条

申请注册的商标,凡不符合本法有关规定或者同他人在同一种商品或者类似商品上已经注册的或者初步审定的商标相同或者近似的,由商标局驳回申请,不予公告。

2.《最高人民法院关于审理商标授权确权行政案件若干问题的意见》第十六条

人民法院认定商标是否近似,既要考虑商标标志构成要素及其整体的近似程度，也要考虑相关商标的显著性和知名度、所使用商品的关联程度等因素，以是否容易导致混淆作为判断标准。

【代理人评析】

1. 商标近似判定的一般规则

商标近似是指商标的标识在文字、图形、颜色或者其组合的外观、发音上相似，容易致使相关公众发生误认和混淆的现象。认定商标相似的总体判断原则是是否具有造成相关公众混淆的可能性，包括对产品来源的误认或者认为商品或服务的来源与他人注册商标有特定的联系两种情形。依据我国现行《商标法》第 30 条之规定，禁止他人在相同或者类似商品上注册与他人相同或者近似的商标，但是不排除在不同商品或服务上注册与他人相同或者近似的商标。因此，在实践中判断商标是否近似的必要前提是该商标所标识的商品或者服务相同或者类似，否则在案件中认定商标近似并无意义，有关商品或者服务类似的认定已经在前述章节作以说明，此处不再赘述。商标近似判断是个较为复杂的问题，有关商标近似的判断标准并未在商标法中予以确立，而多表现为从商标实务中总结的一些经验性的审查指导意见。

商标近似判断的要件构成：

关于商标近似判断，《最高人民法院关于审理商标授权确权行政案件若干问题的意见》第 16 条规定，既要考虑商标标志构成要素及其整体的近似程度，也要考虑相关商标的显著性和知名度、所使用商品的关联程度等因素，以是否容易导致混淆作为判断标准。需要注意的是，在商标知名度的要素判断上，不仅要考虑引证商标的知名度，也要考虑诉争商标的知名度。如果诉争商标在投入市场使用后，需考虑其实际使用的情况，判断是否可能造成混淆。对未投入实际使用的诉争商标，则需要拟制市场使用的情形，从而作出相应的判断。认定商标相同或者近似按照以下原则进行：

第一，以相关公众的一般注意力为标准。一般注意力，是指消费者或者潜在的消费者在一般情况下给予的关注度。在经营活动中，一般注意力会根据消费者个人爱好、文化水平、生活经验等因素的不同，对某种商品或者服务的认知会产生不同。如果对商品或者服务从来没有接触甚至并不知晓，那么商标是否构成近似，对该主体而言不具有任何利害关系，因为该主体没有成为该商品相关公众的可能性。相关公众包括但不限于商标所标识的商品的生产者或者服务的提供者、商标所标识的商品或服务的消费者、商标所标识的商品或服务在经销渠道中所涉及的经营者和相关人员等。

第二，既要进行对商标整体的比对，又要进行对商标主要部分的比对，比对应当在比对对象隔离的状态下分别进行。比较两商标是否构成近似，不仅需要考察商标每一部分的组成要素，也需要从整体外观来判断。《商标审查及审理标准》中对近似商标做出了详细说明，在容易导致混淆的前提下，如果中文商标汉字构成相同或者相近，仅字体或者涉及、注音、排列顺序不同，则构成相似。再如，某商标包含他人在先商标显著部分，仅在其他部分作以改动的，也应当构成近似商标。需要注意的是，判断商标是否近似不能对两个商标一起对比，必须进行隔离观察，以商标反映给相关公众的整体感观来判断。在本案中，三星电子株式会社的引证商标所采用的实心椭圆、大写英文字母的"SAMSUNG"、中文"三星"三部分组成，而被告申请的商标由五角星、空心椭圆，以及英文字母"Sangxing"三部分组成。从构成要素上来看，三星电子株式会社和浙江三星公司的商标所采用的图素并不相同，且浙江三星公司的五角星图案在其商标中具有较强的显著性。从两者商标整体上看，由于字母、图形具有较大差异，也很难认定为近似商标。

第三，判断商标是否近似，应当考虑请求保护注册商标的显著性和知名度。在大部分案件中，需要请求保护的商标大多是在该商标所核准使用的行业领域形成了一定的知名度，导致混淆的情形不仅包括消费者对商品服务来源的混淆，还包括误认为他人商品与注册商标具有某种特定联系。而产生这种联系的原因就在于经营者在实际使用商标的过程中，其商标的影响力会产生一定的扩张或者转移，致使消费者认为该商标经营者具有拓宽市场的潜能或者可能性。故此，判断商标是否近似，不能一味从商标构成元素上认定，需要结合商标使用的具体情形，对那些显著性较强或者知名度较高的商标构成近似，可能会突破类似商品判断的一般标准，认定其导致混淆更加倾向于相关公众的主观心理。

2. 商标近似判断其他要素

除上文所述的三种具体考察标准之外,实践中认定是否相似还有很多的影响因素,例如,争议商标申请的正当性、注册人的主观意图等。有关商标申请的正当性判断,主要在于争议商标是否存在一定的正当前提或者权利基础,比如将商号申请为商标的,即使市场上已经存在了相近似的商标,但是如果该经营者在长期经营过程中使相关公众能够将其与其他商标明显区别开来,则不宜认定为商标近似。有关注册人的主观意图的判断,主要是考察争议商标所有人是否有使消费者产生将其提供的商品与引证商标标识的商品之间存在某种误认或者联系的主观意图。换句话说,争议商标注册人是否有搭便车的主观意图,典型的如将他人具有一定知名度的外文商标音译为中文汉字进行注册申请,虽然两商标在外在表现形式上大相径庭,但仍会给消费者造成混淆,例如将“Gucci”商标音译为“古驰”进行注册的,在特定情形下也可以认定为商标近似。

本案中,比较特殊的一点在于被告浙江三星公司的前身浙江三星洗衣机配件厂于1982年即已成立,在其长期经营过程中已经形成了稳定的市场秩序,相关公众更容易将其与浙江三星公司的字号或者企业名称联系起来。即使引证商标一中的“SAMSUNG”被读作“三星”,与原告商标发音一致,但是被异议商标已经能够起到区分商品来源的作用,相关公众不会单纯因为被异议商标的注册使用而将使用该商标的商品与三星电子株式会社联系起来,从而造成商品来源的混淆误认。原告注册申请该商标也是基于其商号长期使用而产生的良好商誉,故其申请具有正当性,并不是对他人商标的一种“搭便车”行为。

值得注意的是,本案中原告曾主张其在先注册的第510947号“三星及图”商标能够成为现在商标获得注册的理由。三星电子株式会社认为该商标已经于2000年被商标局依法撤销,且该商标核定使用的商品与被异议商标指定使用的商品不完全相同,故不能成为被异议商标核准注册的当然理由。虽然,本案中法院并未对这一争议做出详尽的评述,除去本案的事实部分,在判断是否会导致混淆误认的问题上值得讨论。北京市高级人民法院发布的《北京市高级人民法院关于商标授权确权行政案件的审理指南》中做出了说明，首先把握一个原则，也即商标注册人对其注册的每一个商标享有独立的商标专用权，其先后注册商标之间不具有当然的延续关系。但是需要注意以下两种情况：

第一，如果经营者在基础注册商标经过使用后，获得一定知名度，从而导致相关公众将其在同一种或者类似商品上在后申请注册的相同或者近似商标与其基础注册商标联系在一起，并认为使用两商标的商品均来自该商标注册人或与其存在特定联系的，基础注册商标的商业信誉可以在在后申请注册的商标上延续。

第二，基础商标注册后、在后商标申请前，他人在同一种或者类似商品上注册与在后商标相同或者近似的商标并持续使用且产生一定知名度，在基础商标未使用或者虽然使用但未产生知名度、相关公众容易将在后申请的商标与他人之前申请注册并有一定知名度的商标相混淆的情况下，在后商标申请人不得主张其系基础商标的延续。

上述情形对商标是否构成近似具有很大的影响，故代理人在处理此类案件时，也可以从上述角度进行分析。北京高院认为对于相关公众能否将诉争商标和引证商标相区分，当事人可以提供市场调查结论作为证据。市场调查应当尽可能模拟相关公众实际购买商品时的具体情形，并应当对相关公众的范围、数量进行确定，相关公众购买商品时的注意程度以及整体比对、隔离观察、主要部分比对等方法的运用等进行详细描述。

核心要点五
商品类似的判定

案例 5

伊士曼(中国)有限公司诉商评委及第三人福州冠华金属制品有限公司第 3438974 号"Eastman"商标争议行政纠纷案

【案件索引】

一审案号:北京市第一中级人民法院(2011)一中知行初字第 1388 号行政判决书

二审案号:北京市高级人民法院(2011)高行终字第 1531 号行政判决书

再审案号:最高人民法院(2012)知行字第 80 号行政判决书

【基本案情】

2008 年 11 月 19 日,福州冠华金属制品有限公司(以下简称冠华公司)对伊士曼(中国)有限公司(以下简称伊士曼公司)注册的第 3438974 号"Eastman"商标(以下简称争议商标,见图 5 - 1)提出撤销注册申请。争议商标于 2003 年 1 月 17 日,由弘隆缝纫机械设备(南安)有限公司向国家工商行政管理总局商标局提出注册申请。2005 年 6 月 14 日获准注册,核定使用的范围是电剪、电动剪刀、电动剪刀专用刀片(机器部件)、削皮革机等商品上。后经商标局核准,争议商标转让给伊士曼公司。而第1155056号“EASTMAN”(见图5－2)引证商标于1997年2月12日,由福州南华五金制刀厂有限公司向商标局提出注册申请。1998年2月28日,引证商标获准注册,核定使用在第7类第0742类似群组的“剪刀片(机器零件)”商品上,专用期限自2008年2月28日至2018年2月27日止。后经商标局核准,引证商标转让给冠华公司。

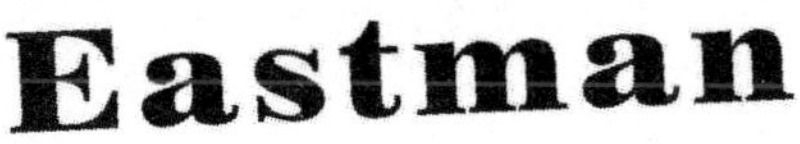

图5－1　伊士曼公司注册的“争议商标”

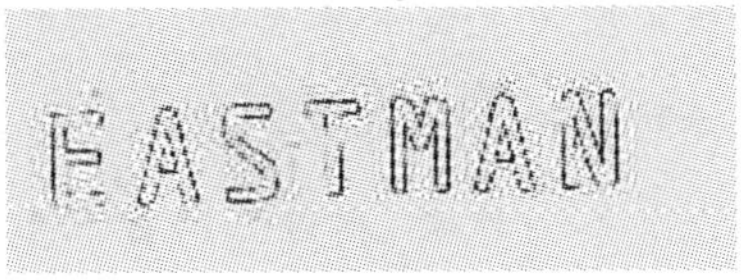

图5－2　冠华公司拥有的“引证商标”

冠华公司提出争议申请的主要理由为:争议商标与冠华公司在先注册的第1155056号“EASTMAN”商标(引证商标)字母构成、含义相同,商标标识近似。争议商标指定使用的电剪、电动剪刀、电动剪刀专用刀片(机器部件)、削皮革机商品与引证商标核定使用的剪刀片(机器零件)商品主要功能、用途相近,属于类似商品。伊士曼公司注册争议商标明显出于恶意,损害冠华公司合法的在先权利。因此冠华公司提出撤销争议商标在电剪、电动剪刀、电动剪刀专用刀片(机器部件)、削皮革机商品上的注册。冠华公司提供的证据有中国缝纫机械协会出具的冠华公司产品适用鉴定、产品包装盒、福建省福州市台江工商局作出的行政处罚和解除行政强制措施决定书、与商标相关的部分异议裁定及民事判决书等。

伊士曼公司答辩的主要理由有:争议商标与引证商标核定使用商品在《类似商品和服务区分表》中分属不同群组,核定使用商品的功能、用途、销售渠道与消费对象都不相同,争议商标的注册和使用不会造成消费者的混淆误认,争议商标与引证商标未构成使用在类似商品上的近似商标。冠华公司提交的证据不能证明引证商标具有较高知名度,伊士曼公司注册争议商标出于恶意,请求维持争议商标的注册。

商标评审委员会认为,争议商标指定使用的电剪、电动剪刀、电动剪刀专用刀片(机器部件)、削皮革机商品与引证商标核定使用的剪刀片(机器零件)商品在材料、功能、用途等方面较接近,属于类似商品。争议商标与引证商标字母构成基本相同,使用在上述商品上,易导致相关公众对商品来源产生混淆,已经构成在上述商品上的近似商标,据此裁定争议商标在上述类别商品上的注册予以撤销。

伊士曼公司不服商标评审委员会作出的裁定书,向北京市第一中级人民法院提起行政诉讼。在一审阶段,伊士曼公司认为争议商标的核定使用范围与引证商标的核定使用范围并不类似,在功能、用途、销售渠道与消费对象上也有所不同,争议商标的注册和使用不会造成消费者的混淆误认,因此并不会违反2001年《商标法》第28条的规定,构成类似商品上的近似商标。

【判决与理由】

一审法院认为:本案的争议焦点问题在于争议商标与引证商标核定使用的商品是否构成类似商品上的近似商标。引证商标核定使用的剪刀片(机器零件)与争议商标核定使用的电剪、电动剪刀、电动剪刀专用刀片(机器部件)在功能、用途、销售渠道等方面存在较大的相似性,如果允许二者并存于市场之中,消费者将无法据此而清晰判断和分辨相关商品的提供者,从而对产品来源发生误认或至少会认为产品的提供者之间具有某种关联性。由于各方当事人已明确表示对争议商标与引证商标构成近似商标没有异议,故争议商标与引证商标构成使用在类似商品上的近似商标,违反了2001年《商标法》第28条的规定,商标评审委员会对核定使用在部分商品类别上的争议商标的注册予以撤销的做法正确。

二审法院认为:本案中,争议商标与引证商标由相同的文字内容构成,仅存在字体上的区别,二者已构成近似商标。根据《最高人民法院关于审理商标授权确权行政案件若干问题的意见》第15条的规定,审查判断相关商品或者服务是否类似,应当考虑商品的功能、用途、生产部门、销售渠道、消费群体等是否相同或者具有较大的关联性,《类似商品和服务区分表》可以作为判断类似商品或者服务的参考。本案中,争议商标核定使用的"电剪、电动剪刀、电动剪刀专用刀片(机器部件)"商品,与引证商标核定使用的"剪刀片(机器零件)"商品,虽然在《类似商品和服务区分表》中分属于第 7 类中的不同类似群组，但二者在功能、用途、生产部门、销售渠道、消费群体等存在较为密切的关联，第 18233 号裁定和原审判决认定上述商品属于类似商品，并据此认定争议商标在上述商品上的注册违反了 2001 年《商标法》第 28 条的规定并无不当，本院予以维持。伊士曼公司虽然在诉讼过程中提交了相关证据材料，用以证明争议商标核定使用的上述商品与引证商标核定使用的商品在功能、用途、生产部门、销售渠道、消费群体等存在较大区别以及争议商标经过使用具有了较高的知名度，但上述证据或者真实性无法确认，或者与上述待证事实缺乏关联性，故伊士曼公司的上述上诉理由不能成立，本院不予支持。

再审法院认为：在商标争议复审及行政诉讼案件中，对于商标近似、商品类似的判断，应该从尽可能避免发生市场混淆误认的目标出发，充分考虑商标标识、指定使用商品之间关系的具体情况，加以综合判断；既不应该完全拘泥于商品区分表的归类，也不宜要求两商标指定使用的商品在功能、用途、生产部门、销售渠道、消费群体等各方面均相同或近似。本案争议商标核定使用的"电剪、电动剪刀、电动剪刀专用刀片（机器部件）"商品，与引证商标核定使用的"剪刀片（机器零件）"商品，虽然分属于商品区分表第 7 类中的不同类似群，两者在用途、消费对象方面也存在一定的差别，但是两者在功能、用途、生产部门等方面又存在一定的近似性和较强的关联性，而且争议商标与引证商标标识基本相同，两商标共存容易导致相关公众对商品来源产生混淆或误认为两者之间存在特定的关系。综合考虑这些因素，商标评审委员会第 18233 号裁定及原审判决认定争议商标指定使用的上述部分商品与引证商标核定使用的商品属于类似商品，并无不当。伊士曼公司在原审程序中提交的证据及申请再审提交的证据材料，既不足以证明其提出的两商标核定使用商品不构成近似的主张，也不能证明其提出的相关公众在客观上已经将两商标区别开来的主张。伊士曼公司的再审申请没有充分的事实和法律依据，不予支持。

【相关法条】

1. 2013 年《商标法》第三十条

申请注册的商标，凡不符合本法有关规定或者同他人在同一种商品或者类似商品上已经注册的或者初步审定的商标相同或者近似的，由商标局驳回申请，不予公告。

2.《最高人民法院关于审理商标授权确权行政案件若干问题的意见》第十五条

人民法院审查判断相关商品或者服务是否类似，应当考虑商品的功能、用途、生产部门、销售渠道、消费群体等是否相同或者具有较大的关联性；服务的目的、内容、方式、对象等是否相同或者具有较大的关联性；商品和服务之间是否具有较大的关联性，是否容易使相关公众认为商品或者服务是同一主体提供的，或者其提供者之间存在特定联系。《商标注册用商品和服务国际分类表》《类似商品和服务区分表》可以作为判断类似商品或者服务的参考。

【代理人评析】

1. 类似商品或者服务的判定原则

类似商品，是指在功能、用途、生产部门、销售渠道、消费对象等方面相同或基本相同的商品。类似服务，是指在服务的目的、内容、方式、对象等方面相同或基本相同的服务。根据《最高人民法院关于审理商标授权确权行政案件若干问题的意见》（以下简称《意见》）中的规定，在认定商品或者服务是否类似时，应当遵循以下基本原则：

遵循"相关公众"对商品或者服务的认识视角。商标法所保护的利益一半是商标所有权人在经营中产生的良好商誉价值，另一半是消费者在购买产品过程中所产生的对商品或服务来源的信赖利益。作为商品或者服务的最终接受者和评判者，相关公众在判断商品服务是否构成类似的问题上具有直接作用。因此，在商标的审查以及案件审理过程中，审查人员与审判人员均应以普通消费者的眼光、心态做出判断。

《商标注册用商品和服务国际分类表》和《类似商品和服务区分表》可以作为判断商品或者服务是否类似的参考标准，这是因为分类表是为了方便商标注册管理而建立的供行政主管部门使用的分类标准，并不是判断类似的唯一标准。商品和服务在市场流通中会随着消费者习惯的变化发生类型的模糊或者改变，甚至本属于分类表中同一部类的商品在流通中，如果在功能、用途等方面有明显区别，消费者就很容易将同一部类的商品或者服务区分开来。

考虑《意见》中第 15 条所强调的关联性。通过商品分类表区分商品只是初步性的判断，具体情形还需要根据具体的消费市场情形来决定。如果商品或者服务在功能、提供渠道、对象群体等存在较强的联系，容易使相关公众认为商品或者服务是同一主体提供的，或者其提供者之间存在特定联系的，则可以突破分类表的适用，判定商品或服务之间构成实质性类似。

这样的判断模式使得商品类似判断具有更大的弹性空间，人民法院在具体的案件中，应当明确考虑的因素，强调个案问题个案处理，避免影响其他案件的处理。此外，《意见》指出，关于商品类似判断是否可以考虑商标的知名度，仍是个有争议的问题，人民法院在具体的个案中，可以视情况予以处理判断。

2. 参考商标分类表

(1)《类似商品和服务区分表》简介

我国现行有效的《类似商品和服务区分表》(以下简称《区分表》)是基于尼斯分类的第十一版，是商标主管部门为了商标检索、审查、管理工作的需要，把某些存在特定联系、容易造成误认的商品或服务组合到一起，编制而成。《区分表》并未穷尽所有类似商品和服务项目，一共分为商品和服务两大部分，其中第 1 类至第 34 类为商品类，第 35 类至第 45 类为服务类，可以作为商标代理人，商标审查人员，司法机关处理商标案件时判断商品或服务是否类似的参考。

《区分表》采用的是层次代码结构，一共分为五层级别，第一层指示商品服务类别，共 45 个类别，比如第 1 类用于工业、科学、摄影、农业、园艺和林业的化学品等；第二层是每一类商品和服务下的类似群组，其代码为四位数制，前两位表示第一层级的商品和服务类别，后两位表示类似群组，如“0101” 表示第 1 类商品的第 1 类似群组“工业气体，单质”；第三层指示个类似群组中的某一部分，一般用“(一)”“(二)”表示；第四层指示具体的商品和项目，采用六位数制，前两位表示商品和服务类别(第一层)，后四位表示商品或服务的项目编码，比如“010289”为第 1 类第 289 号商品，有的六位数制前加有“C”的表示未列入《国际分类表》的我国常用商品和服务项目;第五层常以注释的形式出现在类似群组后,用“1”“2”表示,用以方便解释说明和交叉检索。

(2)分类表中的类似商品

一个类似群内的商品或服务项目原则上是类似商品和服务。若该类似群内的商品和服务并不全部判定为类似,则按照类似关系将商品和服务项目分为若干部分,用“(一)”“(二)”表示。同一部分的商品和服务原则上判定为类似,不同部分之间的商品和服务原则上不判定为类似。类似商品和服务项目之间存在交叉检索。

①商品群组

商品群组,也即上文提及的《区分表》第二层,代表每一类商品和服务下的类似群组,如第29类商品中包含“2901 肉,非活的家禽,野味,肉汁”“2902 非活水产品”“2906 蛋品”等一共14个群组。从《区分表》分层结构来看,层级越低,商品和服务之间的类似可能性就越大。通常情况下,不同类别和不同商品群组之间不会构成类似,比如第1类商品与第29类商品就不会构成类似,第29类商品中“2908 食用油脂”与“2911 加工过的坚果”也不构成类似商品。

②同一群组是否类似,不同自然段是否类似的情况

如《区分表》编写目的所述,同一群组的商品是对存在某种联系,或者容易导致消费者误认的商品的集合,在做商品或者服务分类时已经以类似作为前提。因此在一般情况下,同一群组之间的商品或者服务构成类似,比如第29类商品中“2907 奶及乳制品”群组中各具体商品之间构成类似。但是,也存在例外情形,一般由第五层级用解释说明的注释作以规定。故而,在查询《区分表》同一群组之间各类商品或服务的关系时,还应注意注释中的特殊规定。

同一群组的商品或者服务项目一般会以自然段或者部分(第三层级)的形式分割开来,一般情形下不同自然段之间的商品构成类似,如“2901 肉,非活的家禽,野味,肉汁”群组中各自然段之间的商品均为类似商品。不同自然段或者部分之间的商品如若不构成类似将由注释部分特别说明,如“2902 非活水产品”群组中共分为“(一)食用海藻提取物 290002;(二)鳀鱼(非活)290006,鱼子酱 290016”两部分,

在第五层级的注释 1 中便说明“本类似群各部分之间商品不类似”。

③交叉检索的情况

交叉检索,也即跨类别检索,一般是由于《区分表》改版,或者在第五层级注释中有特别规定的商品类型才需要交叉检索。例如,第七版《区分表》中“牙科用药”由第 5 类 0507 类似群移入 0501 类似群,则在该类似商品上申请商标,进行近似或相同商标查询检索时,应同时检索 0507 类似群和 0501 类似群。同时,也可以由注释直接规定需要跨类检索的商品,如在“2904 腌渍、干制水果及制品”类似群中注册商标时,应注意注释 5 的规定“跨类似群保护商品:以果蔬为主的零食小吃(2904 第(一)部分,2911)”,即同时需要在 2904 和 2911 两个类似群中检索,在这种情况下容易认为两类商品构成类似。

④不同类别是否类似

商品分类的理想状态下,在第一层级 45 类商品和服务之间是不会存在类似商品或服务的,但是某些商品的特殊属性使在流通过程中产生了与其他类别商品的联系,因此在个别情况下不同类别的商品或者服务也是存在类似情形的。例如,“3016 芥末,未经,沙司,酱等调味品”类似群中“酱菜(调味品)300162”与“2905 酱菜”类似,服务类“3911 旅行安排”与“4105 导游服务”类似。这种跨类别的类似商品大都以特殊规定体现在第五层级注释之中,属个别情形。一般情况下,不同类别的商品和服务难以构成类似。

3. 突破《区分表》后商品的跨类保护

(1)有一定知名度商标的跨类保护

在实践中,除了以《区分表》中类似商品服务的参考外,法院一般还会考虑商品之间客观属性是否具有关联性,以及附着在该商品上的商标是否有较高的知名度为判断依据。一般来讲,商品的属性主要体现在该商品的功能、用途、销售渠道、销售场所以及消费群众等方面,商品的属性之间关联性越大,则突破类似商品分类表的可能性越大。例如,商品分类中归属于第一类的防冻液和第四类的润滑油,这两种商品本属于不同类别,但考虑到两者属性的关联性,比如销售场所一般均为汽车类维修店,消费群众均为车主群体,两者虽在功能上大相径庭,但是基本属于维护机动车正常运行的一类产品,因此关联性较强,消费者容易产生此两类商品的来源可能相同的认识,因此商标近似导致混淆的可能性就较大。同时,一个商标若具有一定的知名度,则表示已经在市场中建立了消费者与该类商品的稳定联系,在商品属性关联性较强的另类商品中使用该商标,实则容易判定为一种故意攀附他人商誉的行为,让消费者误以为原有商品商标权利人也在进行此类商品的生产与销售。

根据《北京市高级人民法院关于商标授权确权行政案件的审理指南》第 11 条的规定,在商标行政确权的案件中,只有诉争商标申请注册人对其提出的诉争商标经过使用已经形成稳定的市场秩序能够与引证商标相区分加以证明,并提供诉争商标使用、知名度以及相关公众不会将诉争商标和引证商标相混淆等证据,才能避免法院突破《区分表》的适用,将不同类别的商品判定为类似商品。当然,引证商标权利人也可以提供其在先商标知名度的证据,证明存在消费者混淆两类商品的可能性,以此来促使法院做出突破认定。

(2)驰名商标的跨类保护

驰名商标的保护基础与一般商标的保护基础有所不同,法律明文规定驰名商标可以跨类保护。这是因为一般商标的保护建立在混淆的基础上,为了保护公众不会对商品或服务的来源、出处产生错误的认识,甚至为了防止公众错误地认为两个经营者之间存在某种特别的联系,如隶属关系、赞助关系等。而驰名商标的显著性和知名度远远超过一般商标,因此一般情况下不会使消费者产生混淆,但是如果将驰名商标用于非类似、无竞争关系的商品或者服务上时,虽然不会引起商品来源的混淆,但却可能冲淡商标本身具有的显著性,弱化商标的影响力。因此,驰名商标跨类保护的核心在于维持商标的显著性和良好声誉。

根据 2013 年《商标法》第 13 条规定,我国对驰名商标的保护分两种情况:对未在我国注册的驰名商标,他人若在与驰名商标相同或者类似商品上申请注册复制、摹仿或者翻译的该驰名商标,容易导致混淆的,则不予注册并禁止使用;对已经在我国进行注册的驰名商标,他人就不相同或者不相类似商品申请注册的,可能会对驰名商标权利人利益造成损害的,不予注册并禁止使用。

在第一种情况下,我国 2013 年《商标法》要求争议商标的注册会导致消费者产生混淆的要件，也即相关公众容易产生误认。基于这一要件，仍需要对该驰名商标的商品类别与争议商标的商品类别作以对比，判断是否构成类似商品。由于驰名商标本身具有较高的知名度，法院在考量时会更加偏向于突破商品分类表的适用。

而在第二种情形下，驰名商标在我国已注册的，商标法对驰名商标才进行跨类保护，不再考虑《区分表》的适用，法院和商标评审委员会将基于淡化理论省略类似商品的判断过程，直接作出侵权或者不予注册的裁判。

·律师提示·

商标是指生产者、经营者为使自己的商品或服务与他人的商品或服务来源区别的重要标志，商标必须具有显著特征。大部分企业认为商标申请环节没有什么专业性可言，从而往往不重视商标申请环节。在商标申请环节对拟使用的商标并未进行详细的查询，对拟申请商标指定的商品或服务的选择也并未进行详细的研究。企业一般在申请商标后即开始投入大量的人力、物力、财力对品牌进行增值，当商标有一定知名度时，才发现商标与他人在先的商标或其他权利构成近似，或者是指定的商品或服务并不是企业实际经营的商品或服务。商标近似的判断标准、商品类似的判断标准在企业申请注册商标时极其重要。值得特别注意的是商标近似、商品类似、商标的绝对禁止注册情形的认定等商标注册的判断标准并不是一成不变的，将随着经济社会的发展以及相关公众的认知而有所变化。判断商品类似最重要的工具书是《区分表》，商标分类表基本每年修订一次。

商标申请阶段是企业取得商标权利最重要的基石，如果选择错误，可能投入的时间、人力、物力、财力都将白费，甚至可能侵犯他人的商标权或其他权利而被诉侵权。特别提示企业要重视最基础的商标申请阶段的服务。

专题二

商标抢注情形的认定

核心要点一
以欺骗或其他不正当手段取得注册的判定

案例 6

弘隆缝纫机械设备（南安）有限公司诉商评委及第三人曹军杨第 3210559 号“MGS. AUTOMATIC”商标无效宣告行政纠纷案

【案件索引】

一审案号：北京知识产权法院（2015）京知行初字第 424 号行政判决书

二审案号：北京市高级人民法院（2016）京行终 575 号行政判决书

再审案号：最高人民法院（2016）最高法行申 2683 号行政裁定书

【基本案情】

2014 年 1 月 15 日，申请人弘隆缝纫机械设备（南安）有限公司（以下简称弘隆公司）对被申请人曹军杨申请注册的第 3210559 号“MCS. AUTOMATIC”商标（以下简称争议商标,见图6-1)提出撤销注册申请。争议商标由被申请人曹军杨于2002年6月14日提出注册申请,并于2004年1月28日获得核准注册,核定使用商品为第7类:缝纫机用刀片、旋梭(缝纫机配件)、电动剪刀、缝纫机等商品上。该商标专用期限经续展至2024年1月27日。争议商标档案中载明:"AUTOMATIC"放弃专用权。申请人弘隆公司的第3106259号引证商标(见图6-2)于2002年12月14日申请,2003年3月14日获得注册,核定使用商品为第8类:剪刀、剪切器(手工器具)、切刀、大剪刀刀片、削皮刀、大剪刀、刀片(手工具)、刀、刮削刀(手工具)、修剪剪刀等。

弘隆公司提出无效宣告请求的主要理由为:弘隆公司在争议商标申请注册前在先在裁剪刀片等相同或类似商品上使用了"M. G. S"商标,并具有一定的影响力,成为在先使用并有一定影响力的商标。曹军杨申请注册争议商标明显具有不正当抢注的恶意。曹军杨不仅抢注申请人的商标,还抢注行业内他人的商标,违反诚实信用原则,严重扰乱商标注册秩序,损害公共利益,其行为违反了2001年《商标法》第31条、[①]第41条第1款的规定。[②] 弘隆公司提交的主要证据为:外资企业登记基本情况表、媒体报道情况、销售协议书、民事判决书等材料,用以证明申请人商标在先使用并有一定影响力的情况等。

MCS.AUTOM ATIC

放弃专用权 "AUTOMATIC"放弃专用权

M.G.S

图6-1 曹军杨注册的"争议商标"　　**图6-2 弘隆公司注册的"引证商标"**

曹军杨答辩的主要理由为:争议商标注册已超过5年,该争议申请无效。弘隆公司已于2009年以相同理由对争议商标提出过一次争议申请,不得以相同理由两

---

① 该条对应的是2013年《商标法》第32条,法条内容没有变化。

② 该条对应的是2013年《商标法》第44条第1款,条文内容修改为:"已经注册的商标,违反本法第十条、第十一条、第十二条规定的,或者是以欺骗手段或者其他不正当手段取得注册的,由商标局宣告该注册商标无效;其他单位或者个人可以请求商标评审委员会宣告该注册商标无效。"

次对争议商标提出争议申请。弘隆公司所谓的知名度无事实依据。争议商标与引证商标不构成近似，且弘隆公司行为具有恶意，其目的在于干扰争议商标的正常使用，以谋取不正当利益。提交的证据材料主要为：争议裁定书、北京市高级人民法院行政判决书、关于"MCS AUTOMATIC"商标有关问题的批复、行政处罚决定书等材料，用以证明争议商标已经审理完成、申请人的主观恶意等情况。

商标评审委员会认为，弘隆公司对争议商标提出争议申请的时间距离争议商标获得核准注册的时间已经超过5年期限，以争议商标的注册违反2001年《商标法》第31条的规定为由提出撤销申请，超出5年期限，不予支持。此外，2001年《商标法》第41条规定的"以欺骗手段或者其他不正当手段取得注册"的行为，是指申请商标注册违反诚实信用原则，以弄虚作假的手段欺骗商标行政机关取得注册，或基于不正当竞争、谋取非法利益的目的，恶意进行注册。本案中，弘隆公司并无充分证据表明争议商标申请注册是采用欺骗手段或其他不正当手段，故不予支持该主张，据此裁定争议商标予以维持。

弘隆公司不服商标评审委员会做出的无效宣告裁定书，向北京知识产权法院提起行政诉讼。弘隆公司在一审阶段起诉的主要理由：(1)争议商标的注册申请违反了2001年《商标法》第31条申请注册商标不得以不正当手段抢先注册他人已经使用并有一定影响的商标的规定，争议商标依法应予撤销。(2)第三人曹军杨不但以不正当手段抢注争议商标，还申请注册了弘隆公司其他商标，而且还注册了行业内其他人的"DOTEC""快可利""DL"等多件商标，并出具了相关商标档案资料。在取得商标注册后，第三人并不是为了使用，而是到处进行工商投诉及提起诉讼，以获得不正当利益，违反了诚实信用原则，严重扰乱商标注册秩序。此外，第三人注册争议商标并不是为了使用，而是到处进行工商投诉及诉讼，以谋取不正当利益。因此，第三人注册争议商标违反了2001年《商标法》第41条第1款的规定。弘隆公司补充提交了其在起诉状所列认为属于抢注他人商标的17件商标，用以证明第三人规模性抢注他人商标，扰乱商标注册秩序。

曹军杨答辩的主要理由是：争议商标注册已超过5年，该争议申请无效。争议商标中"MCS"三个字母由曹军杨独立构思创作而来的，有着特定的含义。且争议商标与引证商标分属完全不同的两个行业，不存在构成近似的基础。弘隆公司长期在市场上大量对曹军杨进行侵权活动，已多次被工商部门查处，其目的就是干扰争议商标的正常使用，以谋取不正当利益，弘隆公司具有恶意。

【判决与理由】

一审法院认为：原告以争议商标违反2001年《商标法》第31条的规定为由提出诉讼请求，申请的时间已经超过了的5年期限，故不予支持。但第三人名下有多达45枚商标，主要集中在第7类商品上。其曾先后申请注册十多枚与他人或者弘隆公司在先商标标识完全相同或者非常近似的商标，其中部分在先商标申请人与第三人同处于浙江省东阳市，甚至同处于一个镇。第三人的行为已经构成规模性抢注他人商标的行为，扰乱了商标注册秩序。争议商标属于以其他不正当手段取得注册的情形，违反2001年《商标法》第41条第1款的规定，依法应予以撤销。因此，判决撤销商标评审委员会的被诉裁定，并要求其就弘隆公司提出的撤销注册申请重新作出裁定。

二审法院认为：2001年《商标法》第41条第1款规定中的"欺骗手段和其他不正当手段"包括以虚构、隐瞒真相、提交伪造的申请文件等弄虚作假手段欺骗商标行政主管机关取得商标注册的行为，以及规模性抢注他人在先具有一定知名度的商标并转让牟利的行为，同时，基于鼓励正当竞争、净化商标市场秩序、有效遏制恶意抢注的法律导向，对于规模性注册与他人在先注册在关联商品、同一行业中相关商品上的商标完全相同或实质相似商标，且无明显转让牟利意图的行为，如果申请人并无实际使用的意图或可能，也可认定为上述规定中的不正当手段。本案中，曹军杨申请注册的商标多达40余件，目前并无证据证明其具有使用上述所有商标的意图，而该40余件商标中至少有13件商标均申请注册在第7类和第8类与缝纫行业相关的商品上，且与他人在先注册在第7类、第8类商品上的商标标志完全相同或基本无差别，特别是其中的10件商标与他人在先注册商标所属类别相同，仅仅是类似群组不同。此外，虽然上述在先商标的知名度证据在本案中无从体现，但其申请人多为与曹军杨同处浙江省东阳市，甚至同处一镇。综合上述因素，曹军杨申请注册商标的行为难谓诚信。因此,原审法院认定曹军杨的行为已构成扰乱商标注册秩序的行为,争议商标属于以其他不正当手段取得注册的情形并无不当,对一审予以维持。

再审裁定认为:一审、二审法院基本事实认定清楚,法律适用正确。综合多种因素判断,曹军杨申请注册争议商标的行为明显具有攀附他人商标声誉、不当占据商标资源的故意,客观上势必造成相关公众对于与缝纫行业相关的商品来源上的混淆。因此,一审、二审法院认定曹军杨的行为构成扰乱商标注册秩序的行为,争议商标属于以其他不正当手段取得注册的情形并无不当,裁定驳回曹军杨的再审申请。

【相关法条】

1. 2013 年《商标法》第三十二条

申请商标注册不得损害他人现有的在先权利,也不得以不正当手段抢先注册他人已经使用并有一定影响的商标。

2. 2013 年《商标法》第四十四条第一款

已经注册的商标,违反本法第十条、第十一条、第十二条规定的,或者是以欺骗手段或者其他不正当手段取得注册的,由商标局宣告该注册商标无效;其他单位或者个人可以请求商标评审委员会宣告该注册商标无效。

3. 2013 年《商标法》第四十五条第一款

已经注册的商标,违反本法第十三条第二款和第三款、第十五条、第十六条第一款、第三十条、第三十一条、第三十二条规定的,自商标注册之日起五年内,在先权利人或者利害关系人可以请求商标评审委员会宣告该注册商标无效。对恶意注册的,驰名商标所有人不受五年的时间限制。

【代理人评析】

1. 2001 年《商标法》第 41 条立法沿革

我国 2001 年《商标法》第 41 条规定,对已经注册的商标,违反本法第十条、第十一条、第十二条规定的，或者是以欺骗手段或者其他不正当手段取得注册的，以及违反第十三条、第十五条、第十六条、第三十一条规定而注册的商标可以裁定撤销。前者可由商标局依据自己的职权撤销或者由其他单位或个人向商标评审委员会提出撤销申请，后者只能由商标所有人或者利害关系人提出商标撤销申请，并且需要在自商标注册之日起 5 年内提出，对恶意注册的，驰名商标所有人不受五年的时间限制。

从我国的立法情况来看，2001 年《商标法》并未区分商标权无效和商标权撤销两种制度，这与国际立法例有所差别。首先，从两种制度的法律性质上来讲，商标的无效是对商标权在形成之前即具有权利瑕疵，因行政成本和社会整体效益的考虑，审查机关不可能事无巨细的避免不当注册情形，因而设计的一种补正制度。而商标的撤销是基于商标权人的不当使用或者不使用，导致与商标法的立法本意相违背，从而被剥夺专用权的制度，从一定意义上讲，撤销制度可以被视为一种商标管理过程中的行政处罚行为。其次，从商标权失效后果来讲，商标无效是因为权利产生的基础具有瑕疵，从本质上看根本不符合权利产生的要件，所以商标一旦被无效便意味着商标注册自始无效。商标撤销是基于对商标的使用不符合法定要件，其权利产生的基础是完全符合商标法的规定的，不存在任何瑕疵，由于被撤销前注册商标是合法有效的，故而撤销行为是对商标未来的效力作出的。

因此，2013 年，我国《商标法》修订，将第 41 条前两款的可撤销情形，分别规定在第 44 条和第 45 条中，将“撤销”修订为“宣告商标无效”。而在商标可撤销情形中保留了 2001 年《商标法》中的规定，仅对自行改变注册商标、注册人名义、地址或者其他事项，以及注册商标成为其指定商品通用名称或者连续三年不使用的情形予以撤销。

2. 2013 年《商标法》第 44 条立法解读

(1)立法目的

恶意注册商标行为严重扰乱市场秩序，压缩商标市场空间，造成商标资源大量浪费的结果，受到社会公众高度关注。在《商标法》第三次修改过程中，商标确权行政主管部门曾提出一系列法条设计意图，希望加大制止恶意注册力度。为了鼓励正当竞争、净化商标的市场秩序,有效遏制恶意抢注的目的,2013 年《商标法》第 44 条主要针对于制止在非类似商品或服务上大量注册与他人较高知名度商标相同或近似的商标的情形做此规定。

(2)以欺骗或其他不正当手段获得注册的认定

基于鼓励正当竞争、净化商标市场秩序、有效遏制恶意抢注的法律导向,在商标授权确权的审查过程中对是否以欺骗或其他不正当手段获得注册的情形需要进行认定。对于规模性注册与他人在先注册在关联商品、同一行业中相关商品上的商标完全相同或实质相似商标,一般会被认定为以其他不正当手段获得注册。如果申请人注册大量的商标并无实际使用的意图或者可能,仅仅是为了转让牟利意图的行为,也可认定为上述规定中的不正当手段。本案中,曹军杨申请注册的商标多达 40 余件,目前并无证据证明其具有使用上述所有商标的意图,而该 40 余件商标中至少有 13 件商标均申请注册在第 7 类和第 8 类与缝纫行业相关的商品上,且与他人在先注册在第 7 类、第 8 类商品上的商标标志完全相同或基本无差别,特别是其中的 10 件商标与他人在先注册商标所属类别相同,仅仅是类似群组不同。所以,本案中一审法院、二审法院、再审法院均认为曹军杨的申请注册的行为构成了以其他不正当手段获得注册的情形,从而对该商标予以撤销。通常情况下,在市场上有较高知名度的商标所有权人需要特别注意是否存在以上欺骗或不正当手段获得注册的情形,及时地向行政管理部门提出无效申请,以维护自身的合法权益。

(3)无效宣告之情形

商标法区分商标不予注册的绝对事由和相对事由。绝对事由保护的是公共利益和公共秩序,相对事由保护的是特定民事权益。《商标法》第 44 条第 1 款和第 45 条第 1 款分别针对违反绝对事由和相对事由的注册商标争议作出规定。

①商标局宣告无效之情形

商标法规定,商标因欠缺绝对条件而获得注册的,原则上由商标局依职权作出无效宣告,但其他单位和个人可以请求商标评审委员会宣告该注册商标无效。欠缺绝对条件,即是违反商标构成的禁止性条款,导致商标存在瑕疵,比如商标标识包含不得使用的文字或者图案、商标标识构成该商品或服务行业的通用名称等情形。具体如下文所述：

第一，违反2013年《商标法》第10条列举的8项禁止性条款，即使用国家及国际组织的名称或者标志、官方标志、有民族歧视性的标志、带有欺骗性的标志，有害于社会主义道德风尚或其他不良影响的标志。已注册商标包含上述任何一种标志的，都应被宣告无效。

第二，违反2013年《商标法》第11条之规定的商标，即禁止将商品的通用名称、图形、型号和仅仅直接表示商品质量、主要原料、功能、用途、重量、数量及其他特点的，以及其他缺乏显著性的标志作为商标注册。但是，一般来讲，此类商标申请一般会予以驳回，只有在后续的异议审查或复审中才对该商标的显著性作以实质审查。如果该商标在实际使用中获得了显著性，也即"第二含义"，便可以获得注册。

第三，违反2013年《商标法》第12条之规定，将仅仅由商品自身性质产生的形状、为获得技术效果而需要的商品形状或者使商品具有实质性价值的形状注册为立体商标的，应当宣告无效。

第四，以欺骗或者其他不正当手段取得注册的行为，主要表现为虚构、隐瞒事实真相或者伪造申请文件及有关文件进行注册的，例如申请人伪造营业执照、修改经营范围，或者伪造其他证明文件的。

②在先权利人或者利害关系人无效宣告之情形

2013年《商标法》第45条第1款对商标无效的相对事由作以规定，在先权利人或者利害关系人可以依据本条款请求商标评审委员会宣告注册商标无效。具体情形如下：

第一，对驰名商标的抢注，即通过复制、摹仿、翻译他人驰名商标而进行注册的，在先权利人或者利害关系人可以请求宣告无效。但是，针对未在我国的注册的驰名商标宣告无效仅限于相同或类似商品，在我国已经注册的驰名商标可扩大至不相同和不相类似商品中。

第二，未经授权，代理人或者代表人以自己的名义将被代理人或者被代表人的商标进行注册的。

第三,商标中有商品的地理标志,而该商品并非来源于该标志所标示的地区,误导公众的。但是,已经善意取得注册的继续有效。

第四,在同一种商品或者类似商品上与已经注册的或者初步审定的商标相同或者近似的。

第五,损害他人在先权利的,包括但不限于著作权、外观设计权、商号权、原产地名称权、姓名权、肖像权、使用有一定影响力的未注册商标等。

(4)无效宣告申请时间

依据我国2013年《商标法》第44条和第45条规定,因绝对无效事由而提出无效宣告的,不受时间限制,任何人在商标授权后均可提出无效宣告的请求。而因相对无效事由提出的无效宣告则有时间限制。针对普通商标来讲,在先权利人或者利害关系人应当自该商标注册之日起5年内提出商标无效的申请。商标注册已满5年的,由于与商品之间构成稳定的联系,具有完全的法律效力,不会再被宣告无效。但是,针对驰名商标来讲,对恶意注册的,也即在注册时明知或者应知该驰名商标存在的,驰名商标所有人可以不受5年期限的限制,该商标被注册后任何时间都可以提起无效宣告。

商标无效宣告可以直接向商标评审委员会请求裁定,也可以在商标侵权诉讼过程中提起无效抗辩的理由,启动商标评审程序,此时法院可以中止商标侵权诉讼的进行,待商标行政机关作出行政裁定之后再决定商标侵权诉讼是否继续进行。

(5)欺骗或其他不正当手段的认定因素

《最高人民法院关于审理商标授权确权行政案件若干问题的意见》(以下简称《意见》)中指出,人民法院在审理涉及撤销注册商标的行政案件时,审查判断诉争商标是否属于以其他不正当手段取得注册,要考虑其是否属于欺骗手段以外的扰乱商标注册秩序、损害公共利益、不正当占用公共资源或者以其他方式谋取不正当利益的手段。这种列举加兜底的方式范围较广、适用空间较大,以解决实践中可能出现的情形。但应当注意的是,虽然给予"其他不正当手段"较宽的界定,但其性质明确指向《商标法》第10条、第11条、第12条以外的,与欺骗手段相并列的其他损害公共利益和公共秩序的注册行为,仅适用于绝对事由。在司法实践中能否构成

“其他不正当手段”主要有以下几种考量因素：

①主观上要求具有恶意

从法条用语上来讲，本条的不正当手段与欺骗应具有同等性质，更多的指向行为的目的或者后果，这种“不正当性”体现在商标注册人在明知或者应知的状态下，对他人商标进行了抢注。不论是作为手段，还是意图，都会扰乱商标市场的管理，这种不正当性都能够通过商标注册人的客观行为表现出来，个案中应该综合考量注册商标人注册商标的数量、经营范围、使用情况等。

②申请注册商标的类别需要与申请人经营范围之间有一定的联系

大量注册与他人在先近似的商标且没有使用意图的，将被认定构成不正当手段注册商标。注册与他人在先商标近似的商标标识的注册数量可以成为是否构成不正当手段的基本考量因素，从目前我国司法界的实践来看，商标数量不宜成为单独的量化标准，应结合其他因素进行评价。一方面，市场上不乏出于正当需求或者防御目的进行注册的商标，如防御商标的注册。所谓防御商标是指为了防止他人使用或者注册而对自己的核心商标进行的注册，主要有联合商标和防御商标两种模式。联合商标主要是同一企业在同一或者类似商品或服务上注册两个或两个以上近似的商标，如五粮液集团有限公司就在酒水商品类中注册了诸如“一粮液”“三粮液”“五粮液”“六粮液”等一系列商标。防御商标主要是同一商标所有人把自己的商标同时注册在其他非同种或非类似的商品上，比如“乔丹案”中的乔丹体育股份有限公司就将其商标“乔丹”分别注册在了各类商品上。这类商标的注册数量巨大，但都具有合法的正当性目的。另一方面，仅从数量来判断个案商标注册容易混淆2013年《商标法》第44条第1款之立法目的，因为个案中所涉不正当行为均是对诚实信用原则的违背，但仅损害了提出主张的特定主体的利益，不一定数量多就意味着扰乱商标注册的秩序。因此，在实践中，法院会将注册商标的数量与注册人或者经营者之间的相当性作以考察。作为个人，如果大量申请与他人相同或者近似的商标，无论商品是否构成同种或者类似，则很有可能是注册者在抢占商标市场，囤积商标。

本案中，曹军杨注册商标共40余件，且这40余件商标均是与他人在先商标构成近似,依据弘隆公司所述事实,曹军杨在获得商标注册后到处进行工商投诉及诉讼,就很难认定其注册行为具有正当性。作为市场经营者,如果构成上述情况,在能够证明自己是为了保护自己商标知名度的情形下,则一般不会被认定为商标抢注行为。在第 9801980 号"BLOVES"商标宣告无效案中,被申请人富士集团国际有限公司抢注深圳彼爱钻石有限公司"BLOVES"商标,申请人提出证据证明被申请人申请注册了包括"iPhone""玛莎拉蒂""神州行"在内的两千余件商标,已超出正常的经营需要,该行为具有明显的主观恶意,最终商标评审委员会也认定了被申请人抢注商标的事实。

③商标标识来源

就涉案商标而言,一般都是基于他人商标具有较高的知名度和显著性而进行不正当的抢注,如他人知名的字号、企业名称、姓名、商标等。上述注册行为是故意攀附他人商业标识的知名度,意图不当占据公共资源,影响商标市场的秩序。依据法院调查的事实,本案中曹军杨注册的商标中至少有 13 件商标均申请注册在第 7 类和第 8 类与缝纫行业相关的商品上,且与他人在先注册在第 7 类、第 8 类商品上的商标标志完全相同或基本无差别,特别是其中的 10 件商标与他人在先注册商标所属类别相同,仅仅是类似群组不同。虽然没有明确证据证明上述在先商标的知名度较高,但其申请人多为与曹军杨同处浙江省东阳市,甚至同处一镇。这样看来,曹军杨注册的商标大多来源于同一商品或服务领域,甚至同一地域的在先注册商标,难以认定为具有合法的正当性目的。

④使用行为

商标的意义在于让消费者识别商品或者服务的来源,避免混淆。而要实现这一目的,必须通过商标性使用才能做到。根据 2013 年《商标法》第 48 条之规定,商标的使用是指将商标用于商品、商品包装或者容器以及商品交易文书上,或者将商标用于广告宣传、展览以及其他商业活动中,用于识别商品来源的行为。《最高人民法院关于审理商标授权确权行政案件若干问题的规定》第 26 条规定,没有实际使用注册商标,仅有转让或者许可行为;或者仅是公布商标注册信息、声明享有注册商标专用权的,不认定为商标使用。商标权人有真实使用商标的意图,并且有实际使用的必要准备,但因其他客观原因尚未实际使用注册商标的,人民法院可以认定其有正当理由。综合以上两条,可以得出这样一条结论,即商标性使用至少应该满足为使用而作出必要准备,在使用过程中一定是要求商标伴随商品或服务进入流通领域的行为。因此,如果商标权利人在注册大量商标后,并未将商标投入实际使用,为商标使用作出必要准备,或者仅用于商标许可转让的,则可能被认定为以不正当手段进行了商标注册。本案中,曹军杨并未将所注册的 40 余类商标完全投入商标使用的过程中,也没有证据证明其为商标使用作出必要准备,而是进行工商投诉,因此可以认定其具有抢注的恶意。

核心要点二
代理人或代表人抢注被代理人或者被代表人商标的认定

案例 7

佛山市顺德区简氏家用电器厂等诉商评委及第三人周曙时关于第 4218166 号“依立”商标争议行政纠纷案

【案件索引】

一审案号:北京市第一中级人民法院(2013)一中知行初字第 571 号行政判决书

二审案号:北京市高级人民法院(2013)高行终字第 1348 号行政判决书

【基本案情】

本案中,长沙威源商贸有限公司(以下简称威源公司)是佛山市顺德区简氏家用电器厂(以下简称简式厂)“依立”电器在长沙地区的销售总代理。根据威源公司企业法人营业执照及周曙时的身份资料可知,周曙时系威源公司法定代表人罗颂明的妻子。2004 年 8 月 13 日,第三人周曙时向商标局提出第 4218166 号“依立”

商标(以下简称争议商标,见图7-1)的注册申请,并于2007年8月7日被予以注册核定使用在第21类炖锅、瓷器装饰品、饮用器皿、非电热壶、非电热锅、花和植物用盆(花展用)、磁疗杯、家庭用陶瓷制品、日用瓷器、日用陶瓷上。引证商标一(见图7-2)为简式厂,也即申请人于2003年11月6日申请,2005年7月28日获准注册的第3787059号"依立及图"文字与图形组合商标,核定使用商品为第11类:电炊具、电饭煲、烹调器具、电加热装置、厨房用抽油烟机、消毒碗柜、电暖器、卫生器械和设备、冰箱、照明器,有效期至2015年7月27日。引证商标二(见图7-3)为简氏厂于1985年11月11日申请,2006年8月20日获准注册的第3787059号"依立+YILI+图"文字与图形组合商标,核定使用商品为第11类:民用电力炊事用具、怀杯、远红外线暖炉,有效期至2016年8月19日。

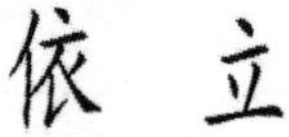

图7-1 周曙时注册的"争议商标"

图7-2 简式厂注册的"引证商标一"

图7-3 简式厂注册的"引证商标二"

2010年11月23日,简氏厂以争议商标违反2001年《商标法》第28条、第15条、[①]第31条所指情形为由,向商标评审委员会提起撤销争议商标申请。2012年7月18日,商标评审委员会对周曙时注册取得的争议商标作出第31049号裁定,裁定认为:

1. 争议商标核定使用的炖锅等商品属于家用或厨房用器具,而引证商标一核定使用的电炊具等商品、与引证商标二核定使用的民用电力炊具等属于照明、冷藏、通风、卫生、消毒、取暖、烹饪及民用电气加热设备(不包括厨房用手工用具),两

---

① 该条对应的是2013年《商标法》第15条,条文内容在原有基础之上增加1款,规定:"就同一种商品或者类似商品申请注册的商标与他人在先使用的未注册商标相同或者近似,申请人与该他人具有前款规定以外的合同、业务往来关系或者其他关系而明知该他人商标存在,该他人提出异议的,不予注册。"

商标核定使用的商品在生产工艺、工作原理、功能用途、销售渠道等方面差异较大，且分属于《类似商品和服务区分表》的不同类似群组，不属于类似商品，故争议商标与引证商标一、二未构成使用在类似商品上的近似商标。

2. 本案中，根据简氏厂的代理合同、赊销合同以及开票明细、发票，并结合实际销售证据确认了，在争议商标申请注册之前，威源公司是简氏厂“依立”电器在长沙地区的销售总代理。根据威源公司的企业法人营业执照及周曙时的身份资料可知，周曙时是威源公司法定代表人罗颂明的妻子，且周曙时在答辩中对该事实未予否认，由此可推定周曙时知晓“依立”为简氏厂使用在电器商品上的商标，故双方在“依立”电器商品上存在代理关系。但是，代理合同仅约定威源公司为简氏厂“依立”电器商品上的长沙总代理，之后的赊销合同、发票等载明其产品大多涉及紫砂电饭煲及其附属零件紫砂胆，与争议商标核定使用的炖锅、瓷器装饰品等商品存在较大差异，故争议商标的注册使用不易使相关公众混淆，不属于 2001 年《商标法》第 15 条所指的不予注册并禁止使用情形。

3. 虽然简氏厂提供的有关商标资产评估报告、《湖北日报》等宣传资料能够证明在争议商标申请注册之前在紫砂电饭煲等商品上的“依立”商标具有一定影响，但争议商标核定使用的炖锅、瓷器装饰品等商品与简氏厂紫砂电饭煲等商品存在较大差异。并且，简氏厂未提交证据证明在争议商标申请注册之前，其曾在炖锅、瓷器装饰品等商品上使用“依立”商标并产生一定影响，故争议商标的注册申请未构成对他人在先使用并有一定影响的商标的抢注。

因此商标评审委员会最终做出对争议商标予以维持的裁定。

简氏厂不服裁定向北京市第一中级人民法院提起行政诉讼，请求撤销第 31049 号裁定。其主要起诉理由为：(1) 争议商标指定使用的商品与引证商标核定使用的商品构成类似商品；(2) 争议商标注册违反 2001 年《商标法》第 15 条规定；(3) 争议商标注册违反 2001 年《商标法》第 31 条规定，系以不正当手段抢先注册他人已经使用并有一定影响的商标。

【判决与理由】

一审法院认为：就争议商标指定使用的炖锅等商品与引证商标一核定使用的电炊具、电饭煲、烹调器具等商品的类似问题而言，业经本院生效判决作出认定，该判决已认定两者不属于类似商品，本院宜作一致确认。本案仅涉及争议商标中的非电热壶与引证商标二中的电热壶是否构成类似问题，鉴于该事实的判定理据与上述判决所涉及的炖锅等与电炊具、电饭煲、烹调器具等判定理据相同，因此对非电热壶与电热壶也应判定为不相类似商品。

有证据证明周曙时之夫所在的威源公司与简氏厂存在特定经销代理关系，但没有证据证明周曙时与简氏厂存在特定代理或代表关系，第31049号裁定认定周曙时与简氏厂存在代理关系有误，本院不予支持。

鉴于周曙时对于第31049号裁定认定简氏厂“依立”品牌在争议商标申请注册前用于紫砂电饭煲等产品具有一定知名度的事实不持异议，且有简氏厂有关商标资产评估报告、荣誉证书、销售发票以及《湖北日报》等宣传资料在案佐证，“依立”商标属于简氏厂在先使用并有一定影响的商标事实成立，本院仍予确认，由此可以判定周曙时在争议商标申请注册之前对于“依立”商标系简氏厂紫砂电饭煲的品牌属于明知，但同上理，紫砂电饭煲与炖锅不属于类似商品，因此，简氏厂的上述主张不能成立。

二审法院认为：争议商标核定使用的炖锅等商品属于家用或厨房用器具；引证商标一核定使用的电炊具等商品、引证商标二核定使用的民用电力炊具等属于照明、冷藏、通风、卫生、消毒、取暖、烹饪及民用电气加热设备（不包括厨房用手工用具），两商标核定使用的商品在生产工艺、工作原理、功能用途、销售渠道等方面差异较大，且分属于《类似商品和服务区分表》中第21类、第11类群组，商标评审委员会及原审法院认定争议商标指定使用的商品与引证商标核定使用的商品不构成类似商品是恰当的，简氏厂关于争议商标指定使用的商品与引证商标核定使用的商品构成类似商品的上诉理由缺乏依据，本院不予支持。

未经授权，代理人或代表人以自己的名义将被代理人或代表人的商标进行注册，被代理人或者代表人提出异议的，不予注册并禁止使用。该条的立法目的在于制止因代理或代表关系而熟悉商标所有人商标的代理人或者代表人恶意抢注商标的行为,是对商标所有人在先商标的一种特殊保护。鉴于商标是区分商品来源的标识,所以在适用该条款时必须同时满足下列条件:一是有证据证明诉争商标的注册人与在先商标的注册人存在代理或代表关系;二是诉争商标与在先商标指定使用的商品类似,容易导致混淆、误认。本案中,虽然周曙时之夫所在的威源公司与简氏厂存在特定经销代理关系,但没有证据证明周曙时与简氏厂存在特定代理或代表关系,即使是有证据证明周曙时与简氏厂存在特定代理或代表关系,但简氏厂生产销售的紫砂电饭煲与争议商标指定使用的炖锅分属于不同的商品类别,不属于类似商品,故原审法院认定争议商标不属于2001年《商标法》第15条规范的情形无不当,简氏厂关于争议商标违反2001年《商标法》第15条规定缺乏事实及法律依据,本院不予支持。

简氏厂欲主张争议商标的注册违反了该条款,应当同时具备以下要件:其一,其在先商标于在后商标的申请注册日之前应具有一定的市场知名度,并已为相关公众及在后商标注册人所知悉;其二,该在先商标使用并据以产生知名度的商品应与在后商标所核定使用的商品相同或相类似。本案中,在案证据可以证明,在争议商标申请日之前,简氏厂"依立"商标在紫砂电饭煲商品上具有一定影响,周曙时在争议商标申请注册之前对于"依立"商标系简氏厂的品牌属于明知,但鉴于紫砂电饭煲与争议商标核使用的炖锅不属于相同或类似商品,原审法院认定争议商标不属于"以不正当手段抢先注册他人已经使用并有一定影响的商标"是正确的,简氏厂所持相关上诉理由缺乏依据,不予支持。

【相关法条】

1. 2013年《商标法》第十五条第一款

未经授权,代理人或者代表人以自己的名义将被代理人或者被代表人的商标进行注册,被代理人或者被代表人提出异议的,不予注册并禁止使用。

2. 2013年《商标法》第十五条

未经授权,代理人或者代表人以自己的名义将被代理人或者被代表人的商标进行注册,被代理人或者被代表人提出异议的,不予注册并禁止使用。

就同一种商品或者类似商品申请注册的商标与他人在先使用的未注册商标相同或者近似,申请人与该他人具有前款规定以外的合同、业务往来关系或者其他关系而明知该他人商标存在,该他人提出异议的,不予注册。

3. 2013 年《商标法》第三十条

申请注册的商标,凡不符合本法有关规定或者同他人在同一种商品或者类似商品上已经注册的或者初步审定的商标相同或者近似的,由商标局驳回申请,不予公告。

4. 2013 年《商标法》第三十二条

申请商标注册不得损害他人现有的在先权利,也不得以不正当手段抢先注册他人已经使用并有一定影响的商标。

【代理人评析】

1.《商标法》第 15 条之立法沿革

根据我国商标法的规定,商标注册采用申请在先原则,即如果两个或者两个以上的申请人,在同一种商品或者类似商品上,以相同或者近似的商标申请注册的,商标局受理最先提出的商标注册申请,对在后的商标注册申请予以驳回。这一原则让商标抢注人有了生存空间。2001 年《商标法》修改之后,国家对注册商标申请人放宽了限制,开始允许以个人名义注册商标,并有权对持有的商标进行自由商标转让和变更,为个人投资商标的行为打开了通道,“商标抢注人(炒标人)”职业开始在广东、浙江、辽宁等沿海地区出现,并以其低成本高收益一度掀起舆论关注的热潮。然而在抢注这样的商标之后,除了少部分自用之外,其余大量的商标被闲置,或者坐等升值,占用了有限的商标注册资源,严重扰乱了商标市场的秩序。

2001 年《商标法》第 15 条的立法目的就在于遏制因代理或代表关系而熟悉商标所有人商标的代理人或者代表人而恶意抢注商标的行为。2010 年《最高人民法院关于审理商标授权确权行政案件若干问题的意见》(以下简称《授权确权意见》)中第 12 条、第 13 条对 2001 年《商标法》第 15 条的适用作以说明,主要有以下几点：

第一，商标代理人、代表人或者经销、代理等销售代理关系意义上的代理人、代表人与商标权利人，都应当构成《商标法》第15条意义上的“具有代理、代表关系”。

第二，抢注行为可以发生在代理、代表关系尚在磋商的阶段，即抢注在先，代理、代表关系形成在后，此时也应将其视为代理人、代表人的抢注行为。

第三，与上述代理人或者代表人有串通合谋抢注行为的商标注册申请人，可以视其为代理人或者代表人。对于串通合谋抢注行为，可以视情况根据商标注册申请人与上述代理人或者代表人之间的特定身份关系等进行推定。

第四，上述代理人或者代表人不得在相同或者类似的商品上申请与被代理人相同或者近似的商标标志。

可以说《授权确权意见》对2001年《商标法》第15条的适用范围进行了补充和扩大。2013年，我国立法机关秉承《意见》的精神，再次扩大了抢注行为中具有关联关系的范围，明确将因“合同、业务往来关系或者其他关系”明知该他人商标存在而就相同或者类似的商品上申请与被代理人相同或者近似的商标标志的抢注行为写入《商标法》禁止之列。

《最高人民法院关于审理商标授权确权行政案件若干问题的规定》（以下简称《授权确权规定》），第15条再次重申了《授权确权意见》中的看法，认为以下两种行为适用商标法第15条第1款的规定：（1）商标代理人、代表人或者经销、代理等销售代理关系意义上的代理人、代表人未经授权，以自己的名义将与被代理人或者被代表人的商标相同或者近似的商标在相同或者类似商品上申请注册的；（2）在为建立代理或者代表关系的磋商阶段，前款规定的代理人或者代表人将被代理人或者被代表人的商标申请注册的。同时，《授权确权规定》列举了恶意串通的一种具体情形，即商标申请人与代理人或者代表人之间存在亲属关系等特定身份关系的，可以推定其商标注册行为系与该代理人或者代表人恶意串通，适用《商标法》第15条第1款的规定进行审理。

2. 关于《商标法》第 15 条适用之解读

(1)代理人或代表人的认定

代理人或者代表人未经授权,擅自注册被代理人或者被代表人商标的行为违反了诚实信用原则,损害了被代理人、被代表人的合法权益,应当予以禁止。然而在实践中,对于《商标法》第 15 条规定的代理人和代表人的认定存在不同的看法。有的法官认为应当采用平义解释,认为其范围仅限于商标代理人和代表人。另一部分法官认为对代理人或者代表人应做扩大解释。在正通公司、商标评审委员会与华蜀公司案中,①最高人民法院对此问题给出了回应,认为根据立法过程、立法意图,为制止因特殊经销关系而知悉或使用他人商标的销售代理人或代表人违背诚实信用原则、恶意抢注他人商标的行为,《商标法》第 15 条规定的"代理人或者代表人"应做广义解释,不只限于接受商标注册申请人或者商标注册人委托、在委托权限范围内代理商标注册等事宜的商标代理人、代表人,而且还包括总经销(独家经销)、总代理(独家代理)等特殊销售代理关系意义上的代理人、代表人。此建议最后也被纳入《授权确权意见》第 12 条之中,将代理人和代表人的范围划定为一般销售关系代理人、代表人,总经销(独家经销),总代理(独家代理)等特定的代理关系。

在实际案例中,有些抢注行为发生在代理、代表关系的磋商阶段,即抢注在先,代理、代表关系形成在后。只要能证明注册人通过磋商知晓他人商标而注册的,都认定为具有恶意,在法律上具备可谴责性。但需要注意的是,《授权确权意见》是在 2001 年《商标法》第 15 条(也即 2013 年《商标法》第 15 条第 1 款)的语境下做出的,此种情形以双方最终建立了代理、代表关系为前提。如果双方仅有磋商,抢注行为发生在磋商期间,但最终未形成代理、代表关系,则不宜适用该条法律予以调整。②对于未形成代理、代表关系的,应由 2013 年《商标法》第 15 条第 2 款规制。

---

① 最高人民法院(2007)行提字第 2 号行政判决书。

② 孔祥俊、夏君丽、周云川:《〈关于审理商标授权确权行政案件若干问题的意见〉的理解与适用》,载《人民司法(应用)》2010 年第 11 期。

(2)2013年《商标法》第15条第2款中“合同、业务往来关系或者其他关系”之解读

①合同关系与业务往来关系

在商标抢注的案例中，大部分是以抢注人接触到商标权利人的商标为前提，而在实际的商品流通或者交易中，可以接触到他人商标的途径有很多，典型的就如商标代理关系中代理方通过代理的行为接触到他人商标。另外，在合同交易和其他业务往来的过程中，难免会涉及知识产权的内容，也容易让抢注方接触到他人商标。因而，为了更全面的规范此类违反诚实信用原则的商标抢注行为，我国在2013年修订《商标法》时，将此两种关系前提下的抢注行为在新法中予以明确禁止。

②其他关系

2013年《商标法》第15条第2款并没有对抢注方与商标权利人之间具有关联性的关系作以穷尽式列举，而是以“其他关系”作为兜底。2017年最高院发布的《授权确权规定》第16条对2013年《商标法》第15条中的“其他关系”作以详细说明，包括但不限于以下情形：

“(一)商标申请人与在先使用人之间具有亲属关系；

(二)商标申请人与在先使用人之间具有劳动关系；

(三)商标申请人与在先使用人营业地址邻近；

(四)商标申请人与在先使用人曾就达成代理、代表关系进行过磋商，但未形成代理、代表关系；

(五)商标申请人与在先使用人曾就达成合同、业务往来关系进行过磋商，但未达成合同、业务往来关系。”

2013年《商标法》第15条第2款的前提要求为“在先使用的未注册商标”，但对使用的规模等均未作要求，其原因即在于当事人之间具有“合同、业务往来关系或者其他关系”，申请人因具有所述关系而明知他人商标存在，对该他人负有一定的诚信义务，在他人商标已经在先使用的情况下，不应抢先注册该商标。

有关《授权确权规定》第16条第1项中“亲属关系”究竟应该适用2013年《商

标法》第 15 条第 1 款，还是适用第 2 款的规定，在司法实践中有一定的分歧。原因在于最高人民法院发布的《授权确权意见》中明确规定凡是能证明代理人、代表人与实际注册人之间存在串通合谋行为的，可以将抢注行为的商标注册申请人视为代理人或者代表人，适用《商标法》第 15 条不予注册并禁止使用。对于串通合谋抢注行为，可以视情况根据商标注册申请人与上述代理人或者代表人之间的特定身份关系等进行推定，包括特定身份包括夫妻、直系亲属以及母子公司等，但不限于此。而 2017 年最高人民法院发布的《授权确权规定》中又将“亲属关系”放置在对 2013 年《商标法》第 15 条第 2 款的“其他关系”说明中，造成了一定的分歧。

然而，在最高人民法院发布的《〈关于审理商标授权确权行政案件若干问题的规定〉的理解与适用》[①]中指出，考虑到与代理人、代表人恶意串通的抢注行为，本质上更接近于代理人、代表人的抢注，如果此种情形不能按照 2013 年《商标法》第 15 条第 1 款受到规制，将导致该条款极易被规避，明显与诚实信用原则不符。而且适用 2013 年《商标法》第 15 条第 2 款要求被代理人、被代表人在先使用商标，而第 1 款则无此要求。《商标法》修改增加第 15 条第 2 款规定的本意是为了更好地遏制抢注，如果将此种情况转而适用第 15 条第 2 款则可能造成旧法能够制止的抢注行为，在第 2 款“在先使用商标”的前提下，依照新法反而不能制止的情况，不符合法律修改的意图。故《授权确权规定》仍然采用了基于“亲属关系”产生抢注行为的视为代理人、代表人抢注的观点。

(3)抢注行为主观上要求必须是明知的

2013 年《商标法》第 15 条第 1 款中未明确要求抢注人明知的主观要件，但实际在代理代表关系中已经存在实际的商标接触行为，因此可以推定明知。而第 2 款中要求“合同、业务往来关系或者其他关系而明知该他人商标存在”，因此在实际的诉讼中商标权利人应通过对合同、业务往来关系或者其他关系中的相关文件加以举证，证明抢注人明知的故意。

---

① 宋晓明、王闯、夏君丽、董晓敏：《〈关于审理商标授权确权行政案件若干问题的规定〉的理解与适用》，载《人民司法(应用)》2017 年第 10 期。

(4)在同一种商品或类似商品上申请注册与他人商标相同或者近似的商标

2013年《商标法》第15条第1款虽未对抢注在相同或者类似商品作以规定,但在《授权确权意见》第13条指出,代理人或者代表人不得申请注册的商标标志,不仅包括与被代理人或者被代表人商标相同的标志,也包括相近似的标志;不得申请注册的商品既包括与被代理人或者被代表人商标所使用的商品相同的商品,也包括类似的商品。同时,最高人民法院发布的《授权确权规定》第15条指出,"商标代理人、代表人或者经销、代理等销售代理关系意义上的代理人、代表人未经授权,以自己的名义将与被代理人或者被代表人的商标相同或者近似的商标在相同或者类似商品上申请注册的,人民法院适用2013年《商标法》第15条第1款的规定进行审理。"

其次,2013年《商标法》第15条第2款规定,就同一种商品或者类似商品申请注册的商标与他人在先使用的未注册商标相同或者近似,申请人与该他人具有前款规定以外的合同、业务往来关系或者其他关系而明知该他人商标存在,该他人提出异议的,不予注册。

因此,基于2013年《商标法》第15条的抢注行为,均以在相同或者类似商品上为前提。但考虑到商标的知名度,以及商品的功能、销售渠道、消费对象等因素可能出现会突破《商品和服务类似分类表》情形,在实际案例中还需要具体分析,具体内容参见第三章案例分析内容。

3. 2001年《商标法》第31条之适用

2001年《商标法》第31条规定,申请商标注册不得损害他人现有的在先权利,也不得以不正当手段抢先注册他人已经使用并有一定影响的商标。我国商标实行在先申请原则,但在商业活动中存在已实际使用但未注册的商标,如果此类商标在使用过程中建立了消费者与商品之间稳定的市场关系,也即相关公众也已经将其与特定的主体产生联系,此时商标已经产生一定影响,形成相应的商誉,则法律也应予以保护。

本条与2001年《商标法》第15条构成互补关系,本条以在先使用并产生一定影响为前提,而第15条并未作此要求,仅对基于代理关系、合同关系、业务往来关系或其他关系而产生的抢注行为进行规制。本条中"不正当手段"并不是从行为本身是否具有可谴责性来考量，这里与2001年《商标法》第41条第1款(2013年《商标法》第44条第1款)所述“不正当手段”有所不同。本条所要规制的是一种恶意抢注行为，即诉争商标注册人明知或者应知他人在先使用的商标而予以抢注，强调抢注者具有主观恶意，而非采用欺骗或虚假文件进行的注册申请。因此，《意见》和《规定》中都明确只要能证明申请人明知或者应知他人已经使用并有一定影响的商标而予以抢注，即可认定其采用了不正当手段。这样看来，在先商标使用者具有较低的举证责任，只要商标使用的程度或范围能抢注者达到应知的状态，也即有让抢注者接触到该商标的较高可能性就能认定具有恶意。

需要注意的是，只有实际具有识别商品来源的标识，才具有商标意义和形成商标权益，因此只有在中国境内实际使用并为一定范围的相关公众所知晓的商标，才可认定属于已经使用并有一定影响的商标。人民法院可以根据在先商标使用人持续使用商标时间、区域、销售量或者广告宣传等证据认定其有一定影响。最高院发布的《意见》指出在先使用并有一定影响的未注册商标只能禁止他人在相同或类似商品上抢先注册相同或近似商标，而不能扩大到不相类似商品，否则将违背我国商标法规定的注册原则，导致有一定影响的未注册商标获得强于注册商标及未注册驰名商标的保护范围的不合逻辑现象。2017年最高院发布的《规定》也沿用这一观点，认为在先使用人主张商标申请人在与其不相类似的商品上申请注册其在先使用并有一定影响的商标，违反《商标法》第32条规定的，人民法院不予支持。

·律师提示·

实践中，商标抢注行为屡见不鲜，大部分是因为在商品交易或者商事沟通中，企业知识产权保护意识较为薄弱，留给商标抢注人可乘之机。因此，在商事交易或者交流关系中，需要预先做好侵权防备措施。一方面，从商标权源来讲，企业要注意自身的经营发展，对可能发展的商品或者服务领域，要及时进行商标检索布局，商标申请之前注意保密，尽可能早地跨入该领域商标市场。另一方面，在代理关系、合同关系、业务往来关系或其他关系存在的前提下，企业需要做好知识产权保密措施，针对商标最好签署保密协议，在合同中约定权利义务，侵权行为发生时既可以主张合同违约责任，同时也可以商标行政确权，企业选择维权路径较多。

企业商标管理,并不仅仅局限于商标的注册、许可和转让行为,更应密切注意监控已经注册或者使用的商标,在法定期限内对他人不正当抢注的商标提出无效请求,避免超过法定期间,使商标专用权无法得到保障。企业需结合自身的发展计划或者发展规模,尽早完成商标布局,避免被同一主体大量在相同或类似的商品或者服务上抢注。企业在对抢注的商标进行异议或无效宣告时,可以对商标注册申请人进行检索与研究,同时也可以对商标注册申请主体的关联公司或股东进行研究,尽可能找出不正当手段抢注的证据,以利于维护自身权益。

专题三

在先著作权的判定

核心要点一

损害他人在先著作权的判定

案例8

王国文诉国家工商行政管理总局商标评审委员会“腾龙 TENGLONG 及图”商标争议行政纠纷案

【案件索引】

一审案号:北京市第一中级人民法院(2010)一中知行初字第1094号行政判决书

二审案号:北京市高级人民法院(2010)高行终字第1031号行政判决书

【基本案情】

争议商标为第3862162号“腾龙 TENGLONG 及图”商标(见图8-2),其注册申请日为2003年12月26日,核准注册日为2006年6月21日,商标专用权期限至2016年6月20日,核定使用商品为第10类:子宫帽、避孕套、非化学避孕用具。商标注册人为西贝公司。

2007年3月2日,王国文针对争议商标提出争议申请,其理由为王国文创作的

“龙”字书法作品(见图 8－1),获得社会高度评价。争议商标的注册损害了王国文对该作品享有的在先著作权,请求商标评审委员会撤销争议商标。为证明其著作权,王国文提供了该作品的相应发表证据。其中,有原件的证据中发表时间最早的为 1996 年 11 月 1 日的《羊城晚报》,该报纸中对于王国文及涉案作品进行了相应报道,该作品中作者署名为王国文。西贝公司主张争议商标中的“龙”字系来源于古陶器上的龙字图形(见图 8－3),而非来源于王国文的涉案作品。经审查,商标评审委员会于 2010 年 1 月 4 日做出第 37272 号裁定,对争议商标予以维持注册。

图 8－1　王国文创作的“龙”字书法作品

图 8－2　西贝公司注册的“争议商标”

图 8－3　古陶器上的龙字图形

商标评审委员会认为,王国文享有著作权的“龙”字书法作品,其独创性在于其整体表现中虚实结合的草书设计,而非对其他“龙”字书法的运用均享有排他权。争议商标由一个书法形体的“龙”字外加黑色圆形背景图案、普通印刷体“腾龙”和拼音“TENGLONG”组合而成。其中书法形体的“龙”字与王国文提交的证据中其书写的“龙”字整体表现形式并不构成实质性近似,故尚无充分理由可以认定争议商标是对王国文“龙”字作品的刻意摹仿。商标评审委员会对王国文认为争议商标损害了其著作权的主张不予支持。

申请人不服商标评审委员会做出的争议裁定书,向北京市第一中级人民法院提起行政诉讼。申请人在一审阶段起诉的主要理由为:原告享有书法作品“龙”字的著作权,争议商标从设计构思、字体的形式、着笔的力度、书写过程中力与墨的把握等方面与原告作品均实质性近似,其视觉效果使普通消费者不能辨别。据此,争议商标的注册损害了原告的在先著作权,违反了 2001 年《商标法》第 31 条有关“不得损害他人现有在先权利”的规定。第 37272 号裁定中认定争议商标与原告“龙”字表现形式不构成实质性近似的观点不正确。

【判决与理由】

一审法院认为：鉴于王国文已举证证明其最早于 1996 年在《羊城晚报》上发表了涉案作品，且涉案作品上有其署名，故可以认定王国文为涉案作品的作者，享有涉案作品的著作权。由于涉案作品在争议商标申请日之前已在我国公开发表，在无相反证据的情况下可以认定西贝公司对涉案作品具有接触可能性。将争议商标与王国文在先涉案作品相比，二者已构成实质性近似。西贝公司虽主张争议商标中的“龙”字来源于古陶器上的“龙”字图形，但将争议商标中的“龙”字与古陶器上的“龙”字图形相比，二者在整体设计、各笔画之间的比例关系、运笔的特点及走势等方面均有差别，故西贝公司该主张不能成立。综上，西贝公司客观上具有接触王国文作品的可能性且争议商标的“龙”字与涉案作品构成实质性近似，故争议商标的注册损害了王国文在先著作权，不符合 2001 年《商标法》第 31 条的规定。商标评审委员会作出的第 37272 号裁定认定事实及适用法律均有误，依法应予撤销。北京市第一中级人民法院依据《行政诉讼法》第 54 条第 2 项第 1 目、第 2 目之规定，判决：撤销国家工商行政管理总局商标评审委员会作出的商评字〔2009〕第 37272 号《关于第 3862162 号“腾龙 TENGLONG 及图”商标争议裁定书》；国家工商行政管理总局商标评审委员会针对王国文就第 3862162 号“腾龙 TENGLONG 及图”商标所提出的争议申请重新作出争议裁定。

商标评审委员会与西贝公司不服一审判决提起上诉，商标评审委员会上诉的主要理由为：争议商标图样与王国文作品并不相似，争议商标的注册未侵犯王国文的著作权。西贝公司的主要上诉理由为：第一，一审判决书变更了王国文的委托代理人；一审法院以新闻报道认定王国文的著作权，违反了有关新闻报道不得作为定案依据的规定；一审法院未询问王国文为什么未在争议商标初审公告期内提出异议。第二，一审法院认定事实错误，王国文未出示其书法作品原件，原审法院认定西贝公司具有接触王国文作品的可能性属于事实认定错误。

二审法院认为：本案王国文已举证证明其最早于 1996 年在《羊城晚报》上发表了涉案作品，且涉案作品上有王国文的署名，在西贝公司未提交有效反证的情况下，原审法院依据本案现有证据认定王国文为涉案作品的作者并享有涉案作品的著作权具有事实和法律依据。西贝公司有关原审法院偏袒王国文的上诉理由均不能成立,本院不予支持。鉴于涉案作品在争议商标申请日之前已在我国公开发表,而西贝公司系在我国地域范围内进行民事活动的民事主体,在其无有效相反证据的情况下,原审法院认定西贝公司对涉案作品具有接触可能性是恰当的。西贝公司有关原审法院认定其具有接触涉案作品可能性属于事实认定错误的上诉理由依据不足,本院不予支持。将争议商标与王国文在先享有著作权的涉案作品相比,虽然涉案作品为书法作品繁体“龙”字,争议商标由书法作品的“龙”字及“腾龙 TENGLONG”组成,二者在整体上有一定差别,但“龙”字构成争议商标的主要识别部分。将争议商标中的繁体“龙”字与涉案书法作品“龙”字进行对比,虽然繁体“龙”字为已有汉字,具有固定的笔画及结构,但作为书法作品而言,不同作者写出的“龙”字亦会具有不同特点。本案争议商标中繁体的“龙”字与涉案作品在整体设计、各笔画之间的比例关系、运笔特点及走势等方面均基本相同,故二者已构成实质性近似。同时,将争议商标中的“龙”字与古陶器上的“龙”字图形相比可以看出,二者在整体设计、各笔画之间的比例关系、运笔特点及走势等方面均有明显差别。原审法院据此认定争议商标的注册侵犯了王国文享有的在先著作权并无不当,商标评审委员会有关争议商标图样与王国文作品并不相似,其注册未侵犯王国文在先著作权的上诉理由依据不足,本院不予支持。此外,西贝公司虽在二审中对王国文签署相关法律文件的真实性表示怀疑,但鉴于其在原审诉讼已经认可王国文的两名委托代理人参加原审庭审,且经本院审查王国文在相关法律文件上的签名虽不完全相同但尚难认定非出于同一人之手,并考虑到西贝公司未提供有效证据证明其怀疑及作为书法家的王国文可能会多种签名的情形,本院对西贝公司的该主张不予支持。综上,二审法院驳回上诉、维持原判。

【相关法条】

1.《民事诉讼法》第五十八条第一款

当事人、法定代理人可以委托一至二人作为诉讼代理人。

2.《著作权法》第十一条

著作权属于作者,本法另有规定的除外。

……

如无相反证明,在作品上署名的公民、法人或者其他组织为作者。

3. 2013 年《商标法》第三十二条

申请商标注册不得损害他人现有的在先权利,也不得以不正当手段抢先注册他人已经使用并有一定影响的商标。

【代理人评析】

1. 作品的认定

(1)《著作权法》上美术作品的概念

我国著作权法所称作品,是指文学、艺术和科学领域内具有独创性并能以某种有形形式复制的智力成果。作品作为智力成果,其特征是具有独创性和可复制性。所谓独创性,是指作品必须是作者创造性的独立完成的成果;所谓可复制性,是指能够以一定的物质形式表现或者固定下来,即以印刷、复印、临摹、拓印、录音、录像、翻录、翻拍等方式将作品制成一份或者多份的行为。其中,美术作品特指绘画、书法、雕塑等以线条、色彩或者其他方式构成的有审美意义的平面或者立体的造型艺术作品。

(2)对作品的保护范围主要从独创性及其独创性程度来把握

如前所述,作品必须是作者独立完成的成果。《著作权法》中作品的独创性既要求作品是作者独立创作的,也要求作品具有某种程度的"创作性",能够体现作者的个性特征。这是一个作品之所以能够称为作品的本质依据,也是作品能够获得法律保护的根源所在。反之,如果一个作品没有独创性,它就不受著作权保护。这是各国著作权立法的通例。例如,1976 年《美国版权法》第 102 条(a)款规定,"对于固定于任何有形的表现媒介中的作者的独创作品予以著作权保护,通过这种媒介,作品可以被感知、复制或者以其他方式传播,不论是直接的或者借助于机器或装置"。英国 1988 年《版权、外观设计与专利法》第 1 条第 1 款规定,"著作权是一种财产权利,该种财产权依本编存在于下列各种作品——(a)具有独创性的文学、戏剧、音乐或艺术作品……”各国著作权法之所以都要强调作品的独创性,其目的是保护具有独创性的作品权利人的合法权益,禁止他人剽窃、假冒。本质上,法律对作品的保护,保护的就是作者的思想创造,也即作品的独创性。所以,实践中针对作品的保护范围主要是从独创性及其独创性高度来把握的。

(3)实践中涉及商标标志是否享有著作权的案件

在实践中,法院在手写体商标标志是否构成作品的认定方面采取了一种十分谨慎的态度。在“Sollatek 及图”商标争议案中,原告主张其“Sollatek”标志系其委托他人进行艺术化设计过的字体,因为经过设计,所以极具美感,认为构成具有独创性的作品。商标评审委员会认为,该标志经过设计具有较强的设计感,已经构成《著作权法》所保护的作品。但是法院认为,该手写标志仅由 8 个简单的字母构成,其表达方式与通常使用的手写体的表达方式差异不大,加大首字母及整体倾斜也符合常见的书写习惯,其因手写而形成的个性化印迹过于微不足道,也无法体现出设计与众不同的美学观点,因此,不属于《著作权法》意义上的美术作品。无论原告是否委托他人专门进行设计,该手写所体现的智力创造性都过于微不足道,不能成为受到《著作权法》保护的作品。①

实务中,独创的卡通、图画以及自主设计的图形等一般都认定为构成作品。但是,如果只是简单的字母组合则不认定为作品。商标中的图形是否构成作品的本质就在于该图形是否有独创性以及独创性的程度,简单的字母组合就不具备著作权法要求的独创性。例如,以下商标的图形就构成作品:

图 8-4 示例图形一

图 8-5 示例图形二

图 8-6 示例图形三

① 商标评审委员会商评字〔2001〕第 07477 号。

以下商标图形不构成作品：

图 8－7　示例图形四

图 8－8　示例图形五

图 8－9　示例图形六

2. 争议商标是否与申请人的在先著作权作品构成实质性近似

所谓实质性相似，是指侵权作品中体现创作者个性的部分与原作的独创性部分实质性相似。侵权作品之所以被判定为侵犯在先作品的著作权，就在于其与在先作品构成否“实质性相似”，即被控侵权作品与在先作品中受《著作权法》保护的部分实质性相似。在实务中，主要表现为一是在字面相似的情况下，侵权作品与在先作品的相同字数达到一定标准或者与在先作品的精髓一致；二是在非字面相似的情形下，作品整体相似是判断两作品是否实质性近似的依据。例如，美术作品中，两作品在色彩、形状及构造、内容等方面近似则可以认为该两作品实质性近似。另外，判断是否构成实质性近似的基准应该是一般的理性人的认知和理解能力，而不应该是专业认识的认知水平。这是实质性近似判定的依据和判断角度。

本案中，争议商标中的“龙”图形与申请人的在先著作权作品在整体上以及细节上均有高度近似之处。正如二审法院认定的那样，将争议商标中的繁体“龙”字与涉案书法作品“龙”字进行对比，虽然繁体“龙”字为已有汉字，具有固定的笔画及结构，但作为书法作品而言，不同作者写出的“龙”字亦会具有不同特点。本案争议商标中繁体的“龙”字与涉案作品在整体设计、各笔画之间的比例关系、运笔特点及走势等方面均基本相同，故二者已构成实质性近似。同时，涉案作品及争议商标的市场受众均是一般消费者，其整体画面所表达的内容、图形布局、色彩、结构实质相似，以普通消费者施以普通注意力在看过涉案作品和争议商标之后不能明显感觉到这两部作品之间的差异。

3. 争议商标的注册是否损害申请人的在先著作权

(1)将与在先著作权的作品几乎无差异地申请注册商标,损害了著作权人的著作权

根据以上论述,一旦某个作品达到了著作权法要求的作品标准,也即达到了著作权法要求的独创性,该作品就受到著作权法的保护。如果将与在先著作权的作品几乎无差异地申请注册商标,则意味着该商标与在先作品就构成实质性近似,就侵犯了在先著作权作品的独创性价值,就侵犯了作者的著作权。所以,本案中的争议商标将几乎与拥有在先权利的作品无差异的图形用于自己的商标上,是一种侵犯在先著作权的行为。

(2)著作权人可以通过许可的方式许可他人在指定商品上行使复制权

著作权分为人身权和财产权两个方面,其中著作财产权是可以转让和许可他人使用的。本案争议商标完全可以通过受让或者征得在先著作权人的许可而在特定商品上行使复制权,从而使自己的商标具有正当合法性。但是,在争议商标未取得合法授权就擅自使用的情形构成侵权。

(3)商标注册人未付出相应的对价而使用著作权,损害了著作权人的权利

未经过著作权人的同意或者授权并付出相应的对价就擅自使用著作权作品的行为损害了著作权人的权利。侵权人应当承担相应的侵权责任,赔偿著作权人的损失。

核心要点二

商标法中在先著作权的认定

案例9

福州冠华金属制品有限公司诉国家工商行政管理总局商标评审委员会"第3438976号"图形商标争议行政纠纷案

【案件索引】

一审案号:北京市第一中级人民法院(2012)一中知行初字第1403号行政判决书

二审案号:北京市高级人民法院(2012)高行终字第1291号行政判决书

【基本案情】

被异议商标为第3438976号图形(见图9-1),申请人为弘隆公司,申请日期为2003年1月17日,指定使用商品为第8类:枪(手工具)、餐具(刀、叉和匙)、刀、剑鞘、剃须刀。

引证商标为第743829号图形商标(见图9-2),商标申请人为福州南华五金制刀厂有限公司(以下简称南华公司),申请日期为1993年10月4日,核准日期为

1995年5月7日，核定使用在7类商品：裁剪直刀（机器零件）、圆刀（机器零件）、钮孔刀（机器零件）。2005年10月21日，该商标由南华公司转让至冠华公司名下。经续展，商标专用期限至2015年5月6日止。

图9-1　弘隆公司申请的“被异议商标”

图9-2　冠华公司拥有的“引证商标”

冠华公司在法定期限内向商标局对被异议商标提出异议申请，商标局于2008年10月8日作出(2008)商标异字第07440号裁定书，裁定被异议商标不予核准注册。弘隆公司不服商标局作出的(2008)商标异字第07440号裁定书，于2008年10月31日向商标评审委员会提出异议复审申请，商标评审委员会于2010年3月8日作出商评字〔2010〕第05313号关于第3438976号图形商标异议复审裁定（以下简称“第05313号裁定”），裁定被异议商标不予核准注册。弘隆公司不服第05313号裁定，于2011年2月24日向北京市第一中级人民法院提起行政诉讼，法院于2011年7月5日作出(2011)一中知行初字第1105号行政判决书，判决撤销第05313号裁定；商标评审委员会就弘隆公司针对第3438976号图形商标异议复审申请重新作出裁定。2011年11月30日，商标评审委员会作出第00929号裁定，裁定被异议商标予以核准注册。

商标评审委员会经审查认为，北京市第一中级人民法院于2011年7月5日作出的(2011)一中知行初字第1105号行政判决书认为，商标评审委员会仅以《商标公告》作为认定冠华公司享有第743829号图形商标（以下简称引证商标）图形部分在先著作权的证据，缺乏事实依据。冠华公司在法院提交的《作品登记证》、“鱼图形”作品说明、职务作品权归属确认书等证据，不足以证明冠华公司享有“鱼图形”著作权。因此，商标评审委员会认定被异议商标的注册违反2001年《商标法》第31条的规定，证据不足。依据(2011)一中知行初字第1105号行政判决书的认定，商标评审委员会裁定被异议商标予以核准注册。

申请人不服商标评审委员会做出的争议裁定书，向北京市第一中级人民法院提起行政诉讼。申请人在一审阶段起诉的主要理由有：第一，弘隆公司主观存在恶意，抢注原告已经使用并且具有一定影响的商标。第二，原告享有引证商标图形的在先著作权，被异议商标的申请注册损害了原告现有的在先权利。原告提交的在案证足以证明原告对“鱼图形”享有著作权。第三，被异议商标与引证商标已经构成使用在类似商品上的近似商标。第四，弘隆公司基于不正当竞争，违反诚实信用原则，损害了公平竞争的市场秩序。

【判决与理由】

一审法院认为：本案中，被异议商标指定使用的商品与引证商标核定使用的商品在《类似商品和服务区分表》中属于不同类别的商品，且两者在功能用途、销售对象、销售渠道等诸多方面都存在较大差异，两者不属于相同或者类似商品。被异议商标与引证商标未构成使用在同一种或类似商品上的近似商标。冠华公司主张被异议商标的申请注册侵犯其对“鱼图形”作品享有的在先著作权。《著作权法》第11条第4款规定：“如无相反证明，在作品上署名的公民、法人或者其他组织为作者。”首先，商标局定期向社会发布的商标初步审定公告或注册公告的作用在于向社会公众告知相关商标的初步审定、授权、归属或终止等信息，上述公告中所记载的商标申请人或注册人信息亦仅是表明商标由何人申请或所有，其并不是著作权法意义上的为向社会公众表明作者身份而在相关作品上进行的署名，其并不必然表明相关作品著作权的归属。因此，《商标公告》并不能证明冠华公司享有引证商标“鱼图形”在先著作权。其次，《作品登记证》亦不能证明冠华公司拥有引证商标“鱼图形”的著作权的内容。因为，我国的著作权登记采取自愿原则，相关行政主管部门依据当事人的单方陈述对作品进行登记，且该《作品登记表》的登记时间为2008年11月，晚于被异议商标的申请日，该《作品登记表》不能证明冠华公司享有“鱼图形”作品的在先著作权。同时，冠华公司提交的“鱼图形”作品说明、职务作品版权归属确认书等证据也均系当事人的单方陈述，缺乏客观性，上述内容亦不能作为认定冠华公司对“鱼图形”享有著作权的证据。被异议商标的注册申请并未违反《商标法》第31条中“申请商标注册不得损害他人现有的在先权利”的规定。

冠华公司不服一审判决提起上诉，上诉的主要理由为：争议商标与引证商标属于相同或近似的商标标志，两商标共存于市场易导致相关公众混淆；被异议商标的注册申请违反了申请商标注册不得侵害他人在先权利的原则，一审判决适用法律有误。

二审法院认为：2001年《商标法》第28条规定，申请注册的商标，凡不符合本法有关规定或者同他人在同一种商品或者类似商品上已经注册的，或者初步审定的商标相同或者近似的，由商标局驳回申请，不予公告。只有使用在相同或者类似商品上的近似商标，并容易引起相关公众混淆误认的，才构成2001年《商标法》第28条规定的不予核准注册的情形。本案中，被异议商标指定使用的商品与核定使用的商品在功能、用途、生产部门、销售渠道、消费对象等方面均不同，两者不属于类似商品，故被异议商标的注册不违反2001年《商标法》第28条的规定。另根据2001年《商标法》第31条规定，申请商标注册不得损害他人现有的在先权利，也不得以不正当手段抢先注册他人已经使用并有一定影响的商标。该条规定的“他人现有的在先权利”指的是包括在先著作权在内的除商标权以外的其他权利。冠华公司提交的《作品登记证》虽然是在被异议商标申请日之后形成的证据，但不能因此完全否认其作为著作权权属初步证据的证明力。此外，冠华公司还提交了引证商标注册证、著作权转让协议以及案外人南华公司在中国台湾地区的鱼图形商标注册证等证据，由于中国台湾地区鱼图形商标注册证及引证商标注册证的颁布时间均早于被异议商标申请日，因此，鱼图形的创作完成时间应早于被异议商标申请日，即鱼图形的著作权的形成时间早于被异议商标申请日。此外，上述证据还可以表明案外人南华公司享有鱼图形的著作权并将该图形作为商标在中国台湾地区申请注册。此后，南华公司在中国大陆申请注册鱼图形商标，即引证商标。后冠华公司受让引证商标，并自案外人南华公司处受让鱼图形的著作权。上述事实与《作品登记证》所指向的事实一致。因此，根据本案上诉人提交的相关证据可以证明上诉人拥有鱼图形在先著作权。综上，原判决认定事实不清，适用法律错误，本院予以纠正并支持上诉人部分理由成立。

【相关法条】

1. 2013 年《商标法》第三十条

申请注册的商标,凡不符合本法有关规定或者同他人在同一种商品或者类似商品上已经注册的或者初步审定的商标相同或者近似的,由商标局驳回申请,不予公告。

2. 2013 年《商标法》第三十二条

申请商标注册不得损害他人现有的在先权利,也不得以不正当手段抢先注册他人已经使用并有一定影响的商标。

3.《著作权法实施条例》第二条

著作权法所称作品,是指文学、艺术和科学领域内具有独创性并能以某种有形形式复制的智力成果。

4.《著作权法》第十一条第四款

如无相反证明,在作品上署名的公民、法人或者其他组织为作者。

【代理人评析】

1. 2013 年《商标法》第 32 条解读

2013 年《商标法》第 32 条关于保护在先权利和禁止抢注他人在先使用并有一定影响的商标的规定,是体现诚实信用原则、遏制恶意抢注商标的重要法律依据。申请注册商标不得与他人在先取得的权利相冲突,也不能损害他人现有的在先权利,商标法的这一规定是一种概括性、开放性的规定。实践中,在判断是否构成在先权利时不仅要考虑《商标法》已有特别规定的在先权利,也需要根据民事法律规定的属于应予以保护的合法权益,综合当事人的主张和证据进行认定。从学理上讲,在先权利是指在申请注册商标之前的他人已有的合法权利,其对象为其他知识产权或者民事权利,包括但不限于下列权利:商标权、外观设计权、著作权、地理标志权、商号权、姓名权、肖像权等。2008 年《最高人民法院关于审理注册商标、企业名称与在先权利冲突的民事纠纷案件若干问题的规定》第 1 条规定:"原告以他人注册商标使用的文字、图形等侵犯其著作权、外观设计专利权、企业名称权等在先权利为由提起诉讼,符合民事诉讼法第一百零八条规定的,人民法院应当受理。"

这一条款一方面在于遏制为了攀附他人著作的良好声誉,获得更高的收益和消费者关注度,从而进行恶意的商标抢注。另一方面,也是对他人创造的智力成果和合法权益的尊重,要求在商标注册等有关活动时,商标注册人要顾及他人合法利益,注册商标的构成要素中如果包含他人已创作的成果或者他人合法权益的客体内容,则必须取得该权利人的许可后方可进行注册。

2. 通常情况下关于在先著作权的认定

(1)2013 年《商标法》第 32 条语境下的著作权的内涵

著作权,是指自然人、法人或者其他组织对文学、艺术和科学作品依法享有的财产权利和精神权利的总和。就精神权利来说,著作人身权包括发表权、署名权、修改权、保护作品完整权,在商标注册中利用他人在先享有著作权的作品,如果该作品未发表,则可能会涉及侵犯他人的发表权,如果该作品已发表,则有可能侵犯他人的署名权或者保护作品完整权。就著作财产权来说,我国《著作权法》一共罗列了 13 项具体的权利,但并非是穷尽式列举,比如复制权、发行权、展览权、信息网络传播权、改编权和其他法律赋予的权利等。这里的兜底条款"其他法律赋予的权利"与 2013 年《商标法》第 32 条之规定相契合。

通常情况下,著作权的客体对应的是作品,只有作品才享有著作权,我国《著作权法》中保护的作品一共有九种,比如文字作品、音乐作品、美术组品、摄影作品等。但是,在 2013 年《商标法》第 32 条语境下有关在先著作权的作品范围有所扩大。《最高人民法院关于审理商标授权确权行政案件若干问题的规定》(以下简称《规定》)第 19 条第 1 款规定:"当事人主张诉争商标损害其在先著作权的,人民法院应当依照著作权法等相关规定,对所主张的客体是否构成作品、当事人是否为著作权人或者其他有权主张著作权的利害关系人以及诉争商标是否构成对著作权的侵害等进行审查。"这一款明确指出依据《著作权法》相关规定来判断是否构成作品,是否享有著作权。

该《规定》第 22 条对诉争商标损害角色形象、作品名称、作品角色名称类的注册行为作出相关说明。该条第 1 款规定:"当事人主张诉争商标损害角色形象著作权的，人民法院按照本规定第十九条进行审查。”在实践中，很多作品中的角色形象是可以单独作为美术作品进行保护的，比如米老鼠、唐老鸭、白雪公主等，属于著作权法所规定的作品类型，因此可以按照前述第19条的规定，按照著作权法的相关规定审查。该条第2款对作品名称、作品角色名称的保护作以规定。从严格意义上来讲，我国《著作权法》并未将此两种情形纳入作品的范围，但是由于作品的知名度较高，会导致作品名称或者作品角色的名称拥有较高的市场开发价值，他人可能会利用作品积累的市场良好影响将作品名称、角色名称作为商标注册使用在某些商品或者服务商上。从第32条的立法本意来看，这种情况容易误导消费者该商品或者服务的来源与该作品的作者或者享有著作权的人存在某种特定联系，如代理关系、许可使用关系等。这种行为一方面会损害相关权利人进一步开发该作品名称、作品角色名称的商业价值，另一方面此类抢注将不利于商标市场维持良好的竞争秩序。因此，在考虑到防止不正当占用他人的经营成果、保护合法权益的同时，又要避免损害社会公众对公共文化资源的正当使用，《规定》第22条将作品名称、作品角色名称作为了作品的一部分，给予了类似著作权的保护，只要在著作权保护期内，权利人可以依据2013年《商标法》第32条对该商标提出异议或无效申请。司法实践中已经对如“蜡笔小新”“功夫熊猫”等知名的作品名称或者角色名称给予了保护，但是在个案中的判断标准上各级法院还没有达成统一的标准。

综上所述，2013年《商标法》第32条语境下“在先权利”中的著作权保护范围可以认为得到了一定扩张，不仅仅局限于目前已有的作品类型，对作品的部分构成要素也可以做出类似的保护。

(2)商标法中关于在先著作权认定的条件

①在系争商标申请注册之前他人已经在先享有著作权

从立法本意上看，“在先权利”必须先于商标注册人在申请注册商标而存在，但是我国商标注册审查周期较长，时间节点较多，《商标法》也未对在先权利的判断日期作以规定，因此具体以申请日，还是以授权日来判断在先权利起初还存在一定争议。目前，经过多次的司法实践，最高人民法院发布的《规定》第18条明确了判断是否损害在先权利的时间点一般为诉争商标申请日，也即在诉争商标申请日以前存在在先著作权的,该注册行为会损害在先权益,所以不予注册。若诉争商标申请日时,在先著作权不存在或者已经消灭的,则不能构成商标注册的障碍,故不因之前存在过在先权利而影响诉争商标的注册。申请注册的商标享有有优先权的,应以优先权日作为是否存在在先著作权的判断日期。

②系争商标与他人在先享有著作权的作品相同或实质性相似

《商标法》第32条所要解决的在先权利问题中,在著作权的权属、是否构成著作权法意义上的作品、是否在著作权保护期间内、诉争商标与作品是否构成实质性相似等问题,都需要依据《著作权法》的规定进行判断。这一点最高人民法院在《规定》中有明确的说明。因此,值得我们注意的是,商标法意义上的相同或者相似与著作权法上的作品相同或者实质性相似的判断标准并非一致。

在商标法意义上,判断商标是否构成近似的前提是是否注册使用在相同或者类似商品上,以相关公众的一般注意力为准,因此需要结合具体商品或者服务来认定商标是否近似的问题。而在著作权法意义上,实质性相似的判断难度远远高于商标近似的判断,并且司法实践中的判断标准并未达成统一。作品的实质性相似判断主要是基于"思想表达二分法"的理论而产生,我国法院司法实践中主要存在以下几种判断方法:整体观感法,抽象测试法,抽象测试法与整体观感法相结合、以抽象测试法为主,对整体观感法持谨慎运用。所谓整体观感法是指以作品整体为判断依据,包括作品的架构、组成部分等,就作品整体观察所得或者给人的整体意境也属于"表达"的范围,把重心偏重于与"思想"接近的这一端,这种判断方法类似于商标近似中"相关公众的一般注意力"标准。抽象测试法是指将作品层层剥离和划分,将一些常见的或者有限的公共领域的表达分离出来,对比作品独有的表达之处,从而判定是否构成实质性相似,大多数时候这种判断被运用于文字作品的对比中。

而在商标注册过程中判断是否与享有在先著作权的作品构成实质性相似时,法院大多数采用整体观感法,一方面是因为有关在先著作权的争议一般不会涉及类似小说这种长篇文字作品,不适宜采用抽象测试法,另一方面大部分案件都是以侵犯在先美术作品、作品名称等起诉的,在整体抄袭或较为明显抄袭的情形下,适用整体观感法来判断更为简便和直接。在“杜桂彬诉商标品审委员会及第三人好维股份有限公司等”一案中，北京知识产权法院在判决书中指出：“关于‘实质性相似’要件，经比对诉争商标图形与涉案作品在图形的整体结构、各元素的布局和角度基本相同，构成实质性相似”。① 最高人民法院在审理“‘埃索黄金眼’商标无效宣告”一案中，认为“被异议商标与米高梅公司 1987 年‘雄狮标识’作品相比，相同之处包括十字形象、环绕在外的圆圈、飘带图案，其不同之处是被异议商标的飘带不是电影胶片形式，且被异议商标的图形下方还显著地标有英文字母‘ASOO’……米高梅公司 1987 年‘雄狮标识’作品与其自 1924 年起使用的雄狮图形的设计手法、整体视觉更为相似，而与被异议商标的差异加大”。②因此，最高人民法院最后判定诉争商标与在先作品整体上差异较大，不构成实质性相似。

③系争商标注册申请人接触过或者有可能接触到他人享有著作权的作品

在处理注册商标与享有在先著作权的作品的问题中，我们需要实际考察诉争商标注册申请人接触在先作品的可能性。实践中，在注册申请商标前存在在先作品并不意味着该商标一定会被驳回或者宣告无效。对未发表或者只在某一区域发表的作品，他人也可以就其自己以该主题创作的相同作品申请商标注册，其主要原因是只要满足独创性和可复制性即可成为独立的一部作品。《最高人民法院关于审理著作权民事纠纷案件适用法律若干问题的解释》第 15 条规定：“由不同作者就同一题材创作的作品，作品的表达系独立完成并且有创作性的，应当认定作者各自享有独立著作权。”商标在设计过程中难免会就某一主题重复开发，导致与在先作品相冲突的情形，因此在这种情况下法律予以一定的谅解，当然这需要一定的证据证明商标独立设计的过程。如果没有相关证明，在诉争商标申请日之前，涉案作品如果已被书籍、电视、报纸及杂志期刊等媒体大量宣传，涉案作品处于可被公众获知的状态，商标注册申请人具有接触到涉案作品的可能性，则法院更加倾向于认为注册申请人具有利用在先作品的故意。

---

① 北京知识产权法院（2017）京 73 行初 4814 号行政判决书。

② 最高人民法院（2017）最高法行再 11 号行政判决书。

④系争商标注册申请人未经著作权人的许可

对他人作品的使用正当性主要有三个来源,一是经著作权人的许可或转让,二是满足法定许可的要件,三是构成合理使用。在使用他人在先作品进行商标注册时,由于具有商业性营利的目的,因此很难认定为合理使用,同时也无法构成法定许可的法定情形。因此,使用他人作品进行商标注册必须经过在先著作权人的同意和授权,否则将会损害相关权利人的利益。

(3)实务中易产生争议的问题

①是否构成作品

最高人民法院发布的《规定》第 19 条指出,当事人主张诉争商标损害其在先著作权的,人民法院应当依照著作权法等相关规定,对所主张的客体是否构成作品进行审查。《著作权法实施条例》第 2 条规定,作品是文学、艺术或者科学领域内具有独创性并能以某种有形形式复制的智力成果。我国《著作权法》中一共规定了九类作品,但并非是穷尽式列举,只要满足"独创性"和"可复制性"是两大实质性要件就可以构成著作权法意义上的作品。而在司法实践中,如果他人的在先作品存在实质性瑕疵,则很难成为注册商标的障碍,比如在先作品并没有达到独创性的要求,商标注册权人可以主张该作品为公共领域的知识信息,不构成 2013 年《商标法》第 32 条意义上的损害他人在先权利的行为。当然,有关作品独创性的问题,在我国立法和司法中并没有要求独创性的高低,只要有证据证明该作品由作者独立创作出来的,不是对现有作品的抄袭模仿,便能满足这一法定条件。

②著作权形成的时间

在判断注册商标是否损害他人在先著作权时,必须满足他人的作品还处于著作权法保护的法定期间内,否则该作品已进入公共领域,便不再享有在先权利。因此,判定该作品著作权形成的时间对此类案件的审理有很大的影响。本案中,诉讼双方当事人就作品的形成时间产生争议,因为在我国作品一经完成便自动享有了著作权,这对判断作品的保护期限以及是否构成在先作品具有决定性意义。著作权登记证书在我国只能作为认定享有著作权的初步证据,如无相反证据情形下,应当将著作权登记证书里标记的时间视为创作完成之日。如果有其他证据材料证明作品的完成时间的，以该证据为准。

③证明材料要求

《北京市高级人民法院关于商标授权确权行政案件的审理指南》第22条规定，商标标志设计底稿、著作权登记证书、商标标志委托设计合同、著作权转让合同等，可以作为确定商标标志著作权归属的初步证据。但是，仅有商标异议或者无效申请后取得的著作权登记证书，不足以证明作品著作权归属。

最高人民法院发布的《规定》第19条第2款规定，商标标志构成受著作权法保护的作品的，当事人提供的涉及商标标志的设计底稿、原件、取得权利的合同、诉争商标申请日之前的著作权登记证书等，均可以作为证明著作权归属的初步证据。该条第3款规定，商标公告、商标注册证等可以作为确定商标申请人为有权主张商标标志著作权的利害关系人的初步证据。

·律师提示·

著作权权属证明指一切能够证明著作权归属的证明材料。但实务上著作权权属证明主要是指著作权登记证书以及设计手稿等。提供著作权权属证明，证明效力最高的一般是各级版权局颁发的著作权登记证书，有确切相反证据推翻的除外。

著作权权属证据的保留方法根据不同的作品以及作品形式而有不同。常见的主要有：第一，公开发表，通过多种形式的发表。例如，在报纸、杂志、博客、论坛等以及充分利用目前的各种新媒体，诸如微信群、微信公众号等。发表时要特别注意署名和时间并做好证据留存工作。第二，保留创作稿件等原始资料。第三，以文字形式记录自己创作灵感的来源。第四，有条件的可以举办作品展览。第五，针对一些特殊作品应该有针对性的保留证据，比如保留摄影作品用底片或者数码摄影的原文件等。

维护自身著作权益首要的就是证明自己的著作权属，如果不能证明自己拥有著作权，就无法维护自身合法权益。收集证据时需要注意著作权权属证据的时间以及能够完整体现作品的原貌。单一证据就可以完整体现作品或者若干证据结合来体现作品，如果证据不能完整体现作品原貌将难以维护自身权益。

证据所反映的自身拥有著作权属的时间必须早于侵权作品的时间，否则也难以证明他人作品侵权。

企业可以充分利用公共资源，特别是国家图书馆进行证据收集。国家图书馆藏书量巨大，收藏众多图书、杂志等文献，信息量庞大。如果某一作品已经发表且可以确定它的发表期刊或者书籍，那么就可以在国家图书馆网站上下载表格把相应信息填写完整，然后根据网站指示将表格发到指定邮箱。当国家图书馆的工作人员收到邮件后，会根据要求寻找相应的文献并电话联系确定价格，之后国家图书馆会将盖有国家图书馆章的相应文献寄送。查询十分便捷，查询人可以不需要亲自到国家图书馆。这种方式尤其适合发表时间长，市面上该类文献稀有的作品。

专题四

在先企业名称权的判定

核心要点一
损害他人在先企业名称权的判定

案例 10

泉州诺佳电讯有限公司、TDK 株式会社与商标评审委员会“TDK 及图”商标异议复审行政纠纷案

【案件索引】

一审案号：北京市第一中级人民法院(2013)一中行初字第 2222 号行政判决书

二审案号：北京市高级人民法院(2013)高行终字第 2402 号行政判决书

再审案号：最高人民法院(2014)知行字第 58 号行政判决书

【基本案情】

2002 年 10 月 17 日，泉州诺佳电讯有限公司(以下简称诺佳公司)向商标局提出第 3338546 号“TDK 及图”商标(以下简称被异议商标，见图 10－1)的注册申请，指定使用在第 11 类“照明器、热焊枪、热水器、冰箱、风扇(空气调节)、自来水或煤气设备和管道的调节附件、水龙头、卫生器械和设备、水净化装置、暖器”等商品上。

被异议商标初审公告后，TDK 株式会社在法定期限内向商标局针对被异议商

图10－1　诺佳公司申请的“被异议商标”

标提出异议申请。商标局裁定被异议商标不予核准注册。

2009年8月3日，诺佳公司向商标评审委员会提出异议复审申请，其主要理由是：被异议商标与TDK会社在第7、9、14类商品上申请注册的“TDK”系列商标指定使用的商品在功能、消费对象、销售渠道等方面差别显著，属非类似商品。商标局已在异议裁定中认定，TDK会社上述商标未构成驰名商标，不应获得跨类保护。此外，鉴于被异议商标与“TDK”系列商标分别在不同类别上申请注册，被异议商标与上述商标并存，不致导致消费者混淆误认。而TDK会社则答辩称：“TDK”等商标为其独创，“TDK株式会社”为其企业名称，经长期使用已为中国相关公众熟知，在上述情况下，诺佳公司注册与TDK会社商标和商号相同的被异议商标，使用在照明器等商品上，必然会导致消费者的混淆误认；“TDK及图”商标经使用已经成为驰名商标，诺佳公司在明知的情形下，注册被异议商标是对TDK会社商标的复制和摹仿。

2011年12月27日，商标评审委员会作出商评字〔2011〕第35383号《关于第3338546号“TDK及图”商标异议复审裁定书》（以下简称第35383号裁定），认为被异议商标不构成《商标法》第10条第1款第8项所述情形；①TDK会社所提交的在案证据不足以证明“TDK”等商标在被异议商标申请注册之前，已构成驰名商标；TDK会社所提交的在案证据不足以证明在被异议商标申请注册之前，其“TDK”商号已经在被异议商标指定使用的金属照明器、热水器等商品行业内享有一定知名度，因此被异议商标的申请注册未损害其在先商号；被异议商标的注册亦未构成以不正当手段抢先注册他人已经使用并有一定影响的商标的情形。故裁定被异议商

① 本款对应于2013年《商标法》第10条第1款，内容没有变化。

标予以核准注册。

TDK 会社不服该裁定，提起行政诉讼。

北京市第一中级人民法院经审理后作出(2012)一中知行初字第 1273 号行政判决书(以下简称第 1273 号判决)，认为被异议商标的注册未侵犯 TDK 会社的在先商号，且未违反 2001 年《商标法》第 13 条第 2 款的规定，故判决维持了商标评审委员会作出的第 35383 号裁定。

TDK 会社不服该判决，以相同理由向北京市高级人民法院提起上诉。

2012 年 12 月 19 日，北京市高级人民法院经审理作出(2012)高行终字第 1753 号行政判决(以下简称第 1753 号判决)。该判决认为：在被异议商标申请注册前，TDK 会社在“电子元器件”等商品上使用了“TDK”商号并具有了较高的知名度。虽然被异议商标指定使用的“照明器、热焊枪、热水器、冰箱、风扇(空气调节)、自来水或煤气设备和管道的调节附件、水龙头、卫生器械和设备、水净化装置、暖器”等商品在功能、用途等方面，与“电子元器件”等商品存在一定差异，但“电子元器件”等商品往往是生产“照明器、热焊枪、热水器、冰箱、风扇(空气调节)、自来水或煤气设备和管道的调节附件、水龙头、卫生器械和设备、水净化装置、暖器”等商品所需的零配件，二者在整个生产环节上具有较强的关联性，尤其是在被异议商标文字部分与在先商号完全相同的情况下，在上述商品上使用与 TDK 会社在先使用并有一定影响的商号相同或近似的商标，容易导致相关公众的混淆误认，从而损害 TDK 会社的在先商号，故被异议商标的申请注册违反了 2001 年《商标法》第 31 条的规定。TDK 会社的该项上诉主张成立。由于 TDK 会社的部分上诉理由具有事实和法律依据，判决撤销了第 35383 号裁定及第 1273 号判决。

根据第 1753 号判决，商标评审委员会另行组成合议组重新对本案的异议复审申请进行了审理，于 2013 年 4 月 2 日作出商评字〔2011〕第 35383 号重审第 01375 号《关于第 3338546 号“TDK 及图”商标异议复审裁定书》(以下简称第 1375 号裁定)。该裁定认为：诺佳公司注册文字部分与 TDK 会社知名商号完全相同的被异议商标，使用在与 TDK 会社商号据以知名的电子元器件商品具有较强关联性的照明器、热水器等商品上，易误导公众，损害了 TDK 会社的在先商号。但 TDK 会社在评审阶段依据2001年《商标法》第13条、第10条第1款第8项等所提的理由,因缺乏事实依据,商标评审委员会不予支持。综上,裁定被异议商标不予核准注册。

诺佳公司不服该裁定,提起行政诉讼。

【判决与理由】

一审法院认为:第1375号裁定系商标评审委员会依据第1753号判决而重新作出的具体行政行为。第1753号判决认定:"在被异议商标申请注册前,TDK会社在'电子元器件'等商品上使用了'TDK'商号并具有了较高的知名度。虽然被异议商标指定使用的'照明器、热焊枪、热水器、冰箱、风扇(空气调节)、自来水或煤气设备和管道的调节附件、水龙头、卫生器械和设备、水净化装置、暖器'等商品在功能、用途等方面,与'电子元器件'等商品存在一定差异,但'电子元器件'等商品往往是生产'照明器、热焊枪、热水器、冰箱、风扇(空气调节)、自来水或煤气设备和管道的调节附件、水龙头、卫生器械和设备、水净化装置、暖器'等商品所需的零配件,二者在整个生产环节上具有较强的关联性,尤其是在被异议商标文字部分与在先商号完全相同的情况下,在上述商品上使用与TDK会社在先使用并有一定影响的商号相同或近似的商标,容易导致相关公众的混淆误认,从而损害TDK会社的在先商号,故被异议商标的申请注册违反了《商标法》第31条的规定。"商标评审委员会依据第1753号判决结果重新作出第1375号裁定,并认定"诺佳公司注册文字部分与TDK会社知名商号完全相同的被异议商标,使用在与TDK会社商号据以知名的电子元器件商品具有较强关联性的照明器、热水器等商品上,易误导公众,损害了TDK会社的在先商号",并无不当,诺佳公司的诉讼请求没有事实和法律依据。综上,北京市第一中级人民法院依照《行政诉讼法》第54条第1项之规定,判决维持第1375号裁定。

二审法院认为:《行政诉讼法》第65条第1款规定:"当事人必须履行人民法院发生法律效力的判决、裁定。"北京市高级人民法院已于2012年12月19日作出第1753号判决,该判决为终审判决并已发生法律效力,包括商标评审委员会在内的各方当事人均须依照上述法律规定,履行该判决的内容。因此,商标评审委员会根据本院已发生法律效力的第1753号判决作出第1375号裁定,符合法律的相关规定。原审判决对第1375号裁定予以维持并无不当,本院予以支持。诺佳公司的相关上诉理由缺乏事实和法律依据,本院不予支持。

再审法院认为:根据原审查明的事实,TDK会社在商标评审阶段针对诺佳公司的复审理由进行答辩时称,被异议商标申请前,TDK会社商号已经使用多年,被异议商标的注册侵犯了TDK会社的在先权利,故TDK会社在复审阶段已经主张了商号权。诺佳公司在商标评审阶段和一审、二审程序中,均未提出商标评审委员会适用2001年《商标法》第31条进行评审超越评审请求的主张。商标评审委员会和一审、二审法院将被异议商标的申请注册是否违反《商标法》第31条的规定作为本案争议焦点进行审查和审理,诺佳公司亦未提出异议。故商标评审委员会适用2001年《商标法》第31条进行评审,并未超越评审请求,不构成程序违法。TDK会社在商标评审阶段提交的各关联公司的营业执照、一审中补充提交的财务审计报表以及新闻媒体的相关报道等证据,足以证明厦门TDK有限公司等公司系TDK会社的关联公司,以及在被异议商标申请注册日前通过TDK会社及其关联公司在中国大陆大量的持续的生产经营以及宣传活动,已经使TDK商号在电子元器件等领域具有较高知名度。诺佳公司关于TDK会社无法证明其与厦门TDK有限公司等公司之间的关联关系,其使用证据无法证明商号知名度的再审理由与事实不符。虽然电子元器件商品在国际分类表中属于第9类,被异议商标指定使用的照明器、热焊枪、热水器、冰箱、风扇(空气调节)、自来水或煤气设备和管道的调节附件、水龙头、卫生器械和设备、水净化装置、暖气等商品在分类表中属于第11类,两者分属于不同类别,在功能和用途方面有一定差异,但电子元器件通常是生产被异议商标指定使用商品的零配件,在整个生产环节具有一定的关联性。TDK会社的商号“TDK”是臆造词汇,具有较强显著性。且TDK会社的引证商标“TDK及图”与被异议商标标识基本相同。故在被异议商标的字母部分与TDK会社商号完全相同,该商号具有较高知名度,且电子元器件商品与被异议商标指定商品具有关联性的情况下,被异议商标的申请注册易使相关公众产生混淆误认,从而损害TDK会社的在先商号,违反了2001年《商标法》第31条的规定。关于诺佳公司主张被异议商标指定使用的水龙头等商品经过生产、经营和宣传已经具有一定知名度，不易产生混淆或误认，被异议商标的申请注册不会损害TDK会社商号权的问题。虽然诺佳公司在一审、二审以及本院再审中提交了证据拟证明其产品经过宣传和使用已经具有一定知名度，但TDK会社对其证据不予认可，且诺佳公司提交的商品图片无法显示出时间，有关销售协议、送货单据、采购订单、广告合同、广告费收据、荣誉等证据形成于2011年、2012年甚至是本案诉讼期间，故无法证明诺佳公司经过长期连续使用已经使其产品具有一定知名度并产生了市场区分，并不易损害TDK会社的在先商号。

【相关法条】

1. 2013年《商标法》第三十二条

申请商标注册不得损害他人现有的在先权利，也不得以不正当手段抢先注册他人已经使用并有一定影响的商标。

2.《最高人民法院关于审理商标授权确权行政案件若干问题的规定》第十八条

商标法第三十二条规定的在先权利，包括当事人在诉争商标申请日之前享有的民事权利或者其他应予保护的合法权益。诉争商标核准注册时在先权利已不存在的，不影响诉争商标的注册。

3.《最高人民法院关于审理商标授权确权行政案件若干问题的规定》第二十一条

当事人主张的字号具有一定的市场知名度，他人未经许可申请注册与该字号相同或者近似的商标，容易导致相关公众对商品来源产生混淆，当事人以此主张构成在先权益的，人民法院予以支持。

当事人以具有一定市场知名度并已与企业建立稳定对应关系的企业名称的简称为依据提出主张的，适用前款规定。

【代理人评析】

1. 禁止损害在先商号的立法目的

申请商标注册不得损害他人在先权利是商标注册的相对要件,其目的在于避免商标注册导致在同一标识上存在两种以上相互冲突的有效的民事权利或者权益的情形出现。所谓在先权利,是指在商标注册申请人提出商标注册申请之前,他人已经合法取得的权利,包括专利权、著作权、企业名称权、姓名权、肖像权等。除了法律明确规定的权利,近年来我国司法实践还逐渐承认了域名、虚构角色形象等新型权益属于应保护的在先权利。

商号,又称字号,是企业名称的重要组成部分,其作用在于识别不同生产者或者经营者。商标则是使用于商品或服务之上,用以区别商品或服务来源的商业标识。由于商标和商号的识别对象不同,商标权和商号权之间在理论上并不会发生冲突。然而在实践中,将他人商号作为商标进行注册或者将他人商标作为商号使用,则可能导致消费者混淆误认的情形出现。在商标注册过程中,需要对他人在先合法取得的商号权给予一定的保护,防止他人将在先商号注册为商标,进而导致消费者混淆误认、损害在先商号权人合法权益的情形出现。当然,上述规定并非禁止所有以与他人商号相同或者近似的文字注册商标的行为,对于那些业务领域不同、不存在竞争关系的情形,商标权的存在不会导致消费者混淆误认,并未损害在先商号权人的合法权益,在先商号权人无权禁止此种商标注册。

2. 损害他人在先商号权

与商号文字相同或近似的被异议商标的申请注册是否构成对他人在先使用的商号权的损害,需要考虑被异议商标申请注册之前商号的知名度、被异议商标的注册是否易使相关公众产生混淆误认等致使在先商号权人的利益可能受到损害等因素。《最高人民法院关于审理商标授权确权行政案件若干问题的规定》第 21 条第 1 款规定,损害他人在先商号需要以相关公众对商品来源产生混淆误认为标准。《商标审查及审理标准》明确规定,混淆的可能性是指,系争商标的注册与使用将会导致相关公众误以为该商标所标识的商品或者服务来自商号权人,或者与商号权人有某种特定联系。

具体来讲,损害他人在先商号的认定需要注意以下几个问题:

①在先商号的显著性和知名度

仅仅证明商号权的取得早于争议商标申请日并不足以使在先商号获得保护。在先商号权人需要证明其商号具有一定的显著性和知名度,这是在后商标注册可能导致相关公众混淆误认的前提条件。商业标识的生命在于其显著性,在先商号尚不具有知名度的,相关公众并不会将其作为识别商品或者服务来源的标识看待,即便在后商标申请获得注册,亦不会导致消费者混淆误认,因此也就不会对在先商号权人造成损害。为证明在先商号的市场知名度,商号权人通常需要提供企业登记资料、使用该商号的商品或者服务的交易文书、广告宣传材料等证据。与此相应地,对于被异议商标的申请人,亦可以从在先商号不具有知名度,在后商标的注册不会导致相关公众混淆误认为由对商标无效请求进行抗辩。

本案中,法院认可 TDK 株式会社在电子元件产品上使用 TDK 商号具有一定的知名度,但是对于 TDK 株式会社认定 TDK 注册商标为驰名商标的主张则并未得到法院的认可。

②被异议商标与在先商号的近似程度

被异议商标的注册可能导致相关公众对先商号发生混淆误认的另一考量因素是在先商号与被异议商标的近似程度。被异议商标与在先商号的近似程度的判断,可以参考商标相同或者近似的判断标准。被异议商标与在先商号相同,一般是二者在视觉上基本无差别;被异议商标与在先商号近似,一般是指被异议商标与在先商号其文字的字形、读音、含义等方面具有近似性。

本案中,诺佳公司即使用了与 TDK 株式会社商号完全相同的字样申请注册商标,但是正如前文所述,单纯的标识之间的相同或者近似并不足以认定为可能导致相关公众混淆误认,最终还需要结合商品或者服务类别的关联程度进行判定。

③被异议商标指定使用的商品或者服务与商号权人实际经营的商品或者服务的关联程度

《商标审查及审理标准》规定,对在先商号的保护原则上应当以与商号权人实际经营的商品或服务相同或者类似的商品或服务为限。关于商品或服务的相同或者类似的判断，可以参考商标侵权中的相关做法，从功能、用途、生产部门、销售渠道、消费对象等方面入手加以证明。

但是，同时规定可以在个案中应根据在先商号的显著性和知名度以及双方商品或者服务的关联程度，超出上述范围来具体确定在先商号的保护范围。即在特定的情形下，法院可以突破相同或类似商品或服务的界限，认定在不相同或者不类似的商品或服务上申请注册的在后商标申请人亦由于商品或服务之间存在关联性而禁止在后商标注册。需要注意的是，这种突破商品或者服务类别的做法应当是一种例外情形，类似于驰名商标的保护，因此需要对在先商号的知名程度作出更高的要求。

本案中，一审法院、二审法院坚持了相同或者类似商品的标准，否定了相关公众混淆误认的可能性；而再审法院则打破了上述标准，仅仅认定被异议商标核定使用的产品范围与在先商号权人生产的产品之间存在关联关系，从而认定被异议商标的注册可能导致相关公众混淆误认，进而认定被异议商标侵害了在先商号。上述做法体现了司法实践中对于商号保护力度不断加强的趋势，值得注意。但是本案的特殊之处在于，TDK 株式会社主张 TDK 注册商标构成驰名商标的主张并没有得到各级法院的认可和支持。在目前司法实践对于驰名商标的认定持谨慎态度的大背景下，TDK 商标并没有被认定为驰名商标，因此 TDK 株式会社以 2001 年《商标法》第 13 条为由的异议主张并未得到支持。在此种情形下，二审法院转而通过将在先企业名称权的保护范围扩张至具有关联性的商品或者服务的做法，再审法院维持了二审法院的判决，实际上是承认了 TDK 商号具有相当于驰名商标的较高知名度，显然难谓妥当。

核心要点二

在先商号不受保护的情况判定

案例 11

范伟君诉商评委及第三人常熟市仕德伟实业集团有限公司第 3428668 号“仕德伟”商标异议复审行政纠纷案

【案件索引】

一审案号:北京市第一中级人民法院(2011)一中知行初字第 1545 号行政判决书

二审案号:北京市高级人民法院(2012)高行终字第 1050 号行政判决书

【基本案情】

被异议商标(见图 11-1)由范伟君于 2003 年 1 月 8 日向商标局提出注册申请,申请号为 3428668,于 2004 年 9 月 28 日被商标局初步审定公告,指定使用在第 25 类服装、裤子、夹克、T 恤衫、衬衫、风衣、羽绒服装、鞋、领带、皮带等商品上。

图 11－1　范伟君申请的“被异议商标”

引证商标(见图 11－2)由仕德伟缝纫机公司于 2001 年 1 月 10 日向商标局申请注册,于 2002 年 3 月 7 日被商标局核准注册,注册号为 1726004,核定使用在第 7 类纺织机械、针织机械、缝纫机、包缝机、锁扣机、撬边机、工业缝纫机台板、裁布机、烫衣机、卷边机(缝纫用)等商品上。

图 11－2　仕德伟公司申请的“引证商标”

在法定异议期间内,仕德伟集团公司就被异议商标向商标局提出异议申请,商标局于 2009 年 2 月 18 日作出(2009)商标异字第 01305 号《“仕德伟”商标异议裁定书》(以下简称第 01305 号裁定),裁定仕德伟集团公司所提异议理由不成立,被异议商标予以核准注册。

仕德伟集团公司不服第 01305 号裁定,向商标评审委员会申请复审,请求不予核准被异议商标的注册,其主要理由为:引证商标同时也是仕德伟集团公司的商号,并具有很高的知名度。被异议商标与引证商标相同,范伟君抄袭仕德伟集团公司的商标进行注册,其行为违背了诚实信用原则,是对仕德伟集团公司在先使用并具有一定影响的商标的复制和恶意抢注,侵害了仕德伟集团公司的商号权。

范伟君在商标评审期间答辩称:仕德伟集团公司并未在服装等商品上在先使用“仕德伟”商标,请求核准被异议商标注册,并提交了一些网页证据证明其主张。

2011 年 2 月 24 日,商标评审委员会作出第 01048 号裁定,认为:被异议商标与引证商标指定使用的商品不属于类似商品,不易导致混淆误认,二者未构成类似商品上的近似商标。仕德伟集团公司提交的证据可以证明在被异议商标申请注册日前其在与被异议商标指定使用的“服装”等相同或类似商品上使用过“仕德伟”商标,并已具有一定知名度,成为已经使用并具有一定影响的商标。因此,被异议商标在“服装、裤子、夹克、T恤衫、衬衫、风衣、羽绒服装”商品上的使用或注册申请构成2001年《商标法》第31条所禁止的情形,被异议商标在其余商品上的使用或注册申请不属于该条所禁止的情形。仕德伟集团公司主张被异议商标侵害其商号权,但其提交的证据不足以证明其将“仕德伟”作为商号在先使用在“服装”等商品上并有一定知名度,故被异议商标的使用或注册申请未构成2001年《商标法》第31条所指的“损害他人现有的在先权利”之情形。范伟君主张被异议人使用“仕德伟”商标的主体已经注销,故仕德伟集团公司的商标不可能在服装等商品上具有一定知名度,但未提供充分证据予以证明,对此商标评审委员会不予支持。据此,商标评审委员会裁定:被异议商标指定使用在“服装、裤子、夹克、T恤衫、衬衫、风衣、羽绒服装”上的注册申请不予核准;被异议商标指定使用在其余商品上的注册申请予以核准。

范伟君不服商评委的裁定,于2011年向北京市第一中级人民法院提起诉讼,一审中原告范伟君诉称,仕德伟集团公司提交的证据不能明确证明能将“仕德伟”商标标识使用在服装等相同或者类似商品上,并在被异议商标注册申请日前仕德伟公司对该标识进行过宣传使用,形成一定影响力。同时,依据现有证据,常熟市仕德伟缝纫机械有限公司的主体已经注销,不存在在服装等相同或者类似商品上使用“仕德伟”商标的可能性。被告商评委坚持在第01048号裁定中的认定意见,认为该裁定事实清楚、证据充分,请求法院予以支持。该案第三人仕德伟集团公司述称,“仕德伟”商标乃仕德伟集团公司独创,且一直将该商标作为公司的商号使用,仕德伟公司的服饰畅销于北京、上海等各大城市,已经具有了较高的知名度。一审法院在审理后依法判决,撤销了商标评审委员会作出的第01048号裁定。

仕德伟集团有限公司不服一审判决,于2012年6月向北京市高级人民法院提出上诉。上诉人和被上诉人的申诉与答辩理由与一审并无差异,二审法院依据现有证据判决商评委败诉,支持一审法院的判决,要求商评委重新作出裁定。

【判决与理由】

一审法院认为：商标评审委员会在第01048号裁定中认定仕德伟集团公司提交的证据可以证明在被异议商标申请注册日前其在与被异议商标指定使用的“服装”等相同或类似商品上使用过“仕德伟”商标，并已具有一定知名度，成为已经使用并具有一定影响的商标。但是，根据查明的事实，仕德伟集团公司提交的证据中并未涉及仕德伟集团公司在被异议商标注册申请日前使用“仕德伟”商标的内容，且仕德伟集团公司本身的成立时间亦晚于被异议商标注册申请日，不可能在先使用“仕德伟”商标。至于常熟市仕德伟缝纫机械有限公司(以下简称仕德伟缝纫机公司)，虽然其法定代表人与仕德伟集团公司的法定代表人相同，但两公司为各自独立的有限责任公司，并非同一权利主体，仅涉及仕德伟缝纫机公司的商标使用证据无法成为仕德伟集团公司存在在先权益的依据。因此，商标评审委员会在第01048号裁定中的相关证据认定缺乏事实和法律依据，商标评审委员会基于上述认定认为被异议商标在“服装、裤子、夹克、T恤衫、衬衫、风衣、羽绒服装”商品上的使用或注册申请已构成2001年《商标法》第31条所禁止的情形亦缺乏根据，应予纠正。北京市第一中级人民法院依照《行政诉讼法》第54条第2项第1目、第2目之规定，判决撤销第01048号裁定；商标评审委员会重新作出裁定。

仕德伟集团公司不服原审判决，向北京市高级人民法院提起上诉，请求撤销原审判决，维持第01048号裁定，其主要上诉理由为：被异议商标损害了仕德伟集团公司现有的在先企业名称权；范伟君以不正当手段抢注了仕德伟集团公司已经使用并有一定影响的商标。

二审法院认为：该案的审理焦点为被异议商标的注册申请是否属于2001年《商标法》第31条规定的情形。(1)关于仕德伟集团公司主张被异议商标的注册申请损害其现有的在先商号问题。《商标法》第31条旨在避免相关公众对系争商标与企业商号产生混淆误认，对在先商号的使用给予必要的保护，但该保护一般情况下应以其提供的商品或服务类别为限。本案中，从查明的事实来看，早于被异议商标申请日的企业仅有仕德伟缝纫机公司，该公司的经营范围并无第25类服装等商品，仕德伟集团公司提交的证据亦不足以证明仕德伟缝纫机公司将“仕德伟”作为商号在先使用在“服装”等商品上并有一定的知名度。因此,仕德伟集团公司主张被异议商标的注册申请属于2001年《商标法》第31条规定的“损害他人现有的在先权利”之情形缺乏事实依据,法院不予支持。(2)关于仕德伟集团公司主张被异议商标的注册申请系对其在先使用并具有一定影响的商标的复制和恶意抢注问题。仕德伟集团公司提交的证据中并未涉及仕德伟集团公司在被异议商标注册申请日前使用“仕德伟”商标的内容,且仕德伟集团公司本身的成立时间亦晚于被异议商标注册申请日,不可能在先使用“仕德伟”商标。至于仕德伟缝纫机公司,虽然其法定代表人与仕德伟集团公司的法定代表人相同,但两公司为各自独立的有限责任公司,并非同一权利主体,仕德伟缝纫机公司的商标使用证据无法成为仕德伟集团公司存在在先权利的依据,且仕德伟缝纫机公司的在先使用证据亦不足以证明“仕德伟”商标在“服装、裤子、夹克、T恤衫、衬衫、风衣、羽绒服装”上已经使用并有一定影响。因此,商标评审委员会在第01048号裁定中的相关认定缺乏事实和法律依据,原审法院对此予以纠正正确,法院予以支持。

【相关法条】

1. 2013年《商标法》第三十二条

申请商标注册不得损害他人现有的在先权利,也不得以不正当手段抢先注册他人已经使用并有一定影响的商标。

2.《最高人民法院关于审理商标授权确权行政案件若干问题的规定》第十八条

商标法第三十二条规定的在先权利,包括当事人在诉争商标申请日之前享有的民事权利或者其他应予保护的合法权益。诉争商标核准注册时在先权利已不存在的,不影响诉争商标的注册。

3.《最高人民法院关于审理商标授权确权行政案件若干问题的规定》第二十一条

当事人主张的字号具有一定的市场知名度,他人未经许可申请注册与该字号相同或者近似的商标,容易导致相关公众对商品来源产生混淆,当事人以此主张构成在先权益的,人民法院予以支持。

当事人以具有一定市场知名度并已与企业建立稳定对应关系的企业名称的简称为依据提出主张的,适用前款规定。

【代理人评析】

1. 2013 年《商标法》第 32 条之解读

商标作为一种商业符号,目的是让消费者区分商品与服务的来源,防止混淆,具有很强的显著性。这种显著性包括"识别性"和"区别性"两部分内容,其主要有两种来源:一是商标本身固有的显著性,二是通过使用产生的显著性。商标本身固有的显著性可以来自商标本身的设计,也可以依附于具有一定影响力的其他标志或符号,比如社会知名人物的姓名、著名作品的名称等。在现实生活中,不乏有人将他人具有一定影响力的特定符号或者标志注册为商标,以此投机获得利益。2001 年,我国《商标法》第一次将此类抢注行为纳入商标注册的规制对象中,着重强调了商标注册程序中对他人在先权利的保护原则,体现了诚实信用原则在商标领域的实践,同时也是遏制恶意抢注商标的重要法律依据。

2013 年《商标法》第 32 条前段规定,"申请商标注册不得损害他人现有的在先权利",该部分是保护在先权利的概括条款。而第 32 条后段规定"也不得以不正当手段抢先注册他人已经使用并有一定影响的商标"实则是对前半句的在先权利保护特殊情形作出的特别规定。最高人民法院 2010 年颁布的《关于审理商标授权确权行政案件若干问题的意见》(以下简称《意见》)中指出人民法院审查判断诉争商标是否损害他人现有的在先权利时,对于商标法已有特别规定的在先权利,按照商标法的特别规定予以保护;商标法虽无特别规定,但根据《民法总则》和其他法律的规定属于应予保护的合法权益的,应当根据该概括性规定给予保护。从目前司法实践和学术研究的结果来看,在先权利主要包括但不限于在先商标权、著作权、外观设计权、在先姓名权、肖像权、在先企业名称权等。这些权利的客体共同性在于均是以文字、图形或图案及其组合的形象化标志。近年来,司法实践中在先权利的范围逐渐向"在先权益"的方向不断扩张,根据最高人民法院 2017 年发布的《关于审理商标授权确权行政案件若干问题的规定》(以下简称《规定》),将该条款定位为一种完全开放性的规定,既包括法律有明确规定的在先权利,又包括其他应予保护的合法权益,如角色形象、作品名称以及角色名称等内容。

本案中,主要涉及他人在先企业名称权与在后注册商标之间的争议,故而将重点解析商标异议程序中,在先企业名称权的适用范围,以及对未注册的具有一定影响力商标的保护。

2. 主张在先企业名称权的适用条件

(1)在先企业名称权的判断应以"混淆原则"为前提

商号与商标同属商业标记,在功能上具有交叉和重叠,都可以区分商品和服务的来源,标识经营主体。在先企业名称权与在后注册商标产生的冲突的原因在客观上表现为二者具有共同的选材要素,一般为特定文字的组合。当商标注册人选用了与在先商号相同或者近似的文字作为商标注册时,两种权益的冲突便已经酝酿。究其根本,造成两种权利冲突的根本原因一方面在于商标与商号的注册登记机关并不统一,信息不对称。另一方面也不能排除在后商标注册人意欲搭乘他人商业信誉便车的动机。

从立法文本上看,2013 年《商标法》第 32 条并没有对他人"在先权利"的范围进行更细致的界定,似乎只要他人享有在先权利便可以阻止商标申请人的注册行为。然而,司法实践中并非如此,其主要原因有两点,一是此条款是为了制止商标注册人的不正当的抢注行为,而促使这类抢注行为发生的内在动因在于该标识具有潜在的市场价值,如名人效应、商誉价值等。二是商标本身产生于社会公有领域的素材,如果对所有他人的在先权利都进行保护,必然会导致商标资源的枯竭。因此,在适用 2013 年《商标法》第 32 条时,法院并不会对所有涉及的在先权利进行无条件保护。本案中,北京市高级人民法院认为,《商标法》第 32 条旨在避免相关公众对系争商标与企业商号产生混淆误认,对在先商号的使用给予必要的保护,但该保护一般情况下应以其提供的商品或服务类别为限。法院认为对在先商号保护,应当遵守"混淆原则",也即在后注册的商标会造成消费者混淆商品或服务来源的前提下,才对在先商号权进行保护。

《规定》中明确设立这一判断标准,该规定第 21 条指出当事人主张他人注册商标损害在先商号的，需满足“他人未经许可申请注册与该字号相同或者近似的商标，容易导致相关公众对商品来源产生混淆”的条件。需要注意的一点是，该条第2款规定，对于已经具有一定的市场知名度并已与企业建立稳定对应关系的企业名称的简称，也可以作为在先权利受到保护，这里突破了商号的完整性，实践中企业名称简称受到保护的例子有“建行”“广本”等。

（2）构成在先商号的判断时间点

《意见》第17条第2款规定，一般情况下，对是否构成在先权利的判断应当以诉争商标申请日为准，也即如果在先权利形成于商标注册日之前，且注册会给在先权利带来损害的，则不应予以注册。如果在先权利于商标申请之日时尚未形成或已经消灭的，则不能成为商标注册的障碍，因为此时的商标申请人在提出注册申请时没有任何主观恶意或过错。2013年《商标法》第32条的目的在于避免权利的冲突，即使诉争商标申请时存在在先权利，但如果在诉争商标核准注册时在先权利已不存在，则权利冲突的障碍已经消除，故不能因之前存在在先权利而影响诉争商标的注册。

（3）主张在先企业名称权主体必须适格

在商标注册申请的异议程序中，主张在先企业名称权的异议主体必须适格，这里主要涉及“利害关系人”的界定。2013年《商标法》第33条规定：“对初步审定公告的商标，自公告之日起三个月内，在先权利人、利害关系人认为违反本法第十三条第二款和第三款、第十五条、第十六条第一款、第三十条、第三十一条、第三十二条规定的，或者任何人认为违反本法第十条、第十一条、第十二条规定的，可以向商标局提出异议。公告期满无异议的，予以核准注册，发给商标注册证，并予公告。”一般情况下，商号的所有者即可成为注册异议过程中的适格主体，但是实践操作中不乏子公司、分公司进行异议申请，这类人能否主张在先企业名称权呢？

在第3633468号“威尼斯”商标异议案中，异议申请人拉斯维加斯莎士公司系美国内达华洲威尼斯人集团、威尼斯人（澳门）股份有限公司的关联企业，后两家公司均是异议申请人的控股公司，被异议人为深圳威尼斯酒店。该案中，商标评审委员会认为由于上述关联关系，莎士公司可以成为其关联企业“威尼斯人”商号的利害关系人。但是,一审和二审法院均否定了这一观点,认为"利害关系人"应当理解为在先权利人、被许可使用人、在先权利继承人等,不应当包括具有控股关系的关联企业。实践中,从公司法的角度来看母子公司系两个完全独立的法人主体,能够分别承担民事责任,因此在商号相同的情况下,子公司不能以其母公司的商号形成于注册商标之前,从而对注册商标提出异议,主张在先企业名称权。而对于分公司而言,不具有独立的法人资格,而是作为总公司的分支机构,由总公司承担相应的民事法律责任。因此,分公司作为总公司的延伸,可以依据2013年《商标法》第33条提起注册商标侵害其总公司在先商号的异议程序。这一结论在第4213228号"锡林小肥羊欢城"商标异议案中已经得到印证。

本案的特殊点在于仕德伟集团公司与仕德伟缝纫机公司,虽然两者法定代表人均系一人,但没有证据表明两者之间存在紧密的联系,如总公司与分公司的关系,而是作为各自独立的法人,依法从事相关活动。因此,仕德伟集团公司无法以仕德伟缝纫机公司的在先商号启动异议程序,而仕德伟集团公司成立时间晚于异议商标注册时间,也不符合《商标法》第32条中先于申请日形成的在先权利之要件。所以,在异议程序和诉讼程序中提出在先商号受到损害的请求,难以得到认定。

(4)在先商号需具有一定的知名度

根据《企业名称登记管理规定》,一般情况下企业名称的构成为"行政区划+商号+行业类别+组织形式",其经营业务领域和经营地域一般都有一定的范围,同一个商号可能在不同的行政区划内分别获得企业名称的注册。换句话讲,企业所享有的名称专用权仅限于登记主管机关的管辖范围。所以并不意味着商标申请人的注册行为一定就会损害到在先商号所有者的权利,一方面可能因为该企业经营商品或服务的类别与商标注册者申请的核定使用范围相去甚远,基本不会造成消费者的混淆;另一方面由于该企业经营的地域范围有限,商标注册者不一定就是出于抢注的目的,或许仅仅是巧合和偶然的因素。在这两种条件下,商标注册人的注册行为并不能被《商标法》第32条所排除。

之所以《规定》第21条和《商标审查及审理标准》规定,主张在先商号的,应当满足证明该商号或字号具有一定的市场知名度，其目的是防止商标注册人搭乘其他企业良好商誉的“便车”，恶意抢夺他人的竞争市场。这里隐含的一层意思是，商标注册人在明知或者应知该商号存在的前提下，对该商号进行了商标的注册。具有一定知名度的判断应当从商号登记时间起算，从该商号从事经营活动的时间跨度、经营绩效、地域范围、广告投入等因素综合考虑。在第3839502号“耀华商厦”商标异议案中，法院认定被申请人与申请人同处河北省黄骅市，地理位置的便利性大大增加了被申请人知悉申请人在先使用“耀华商厦”商号的可能性。加之申请人在被异议商标注册前在当地媒体的宣传报道，以及商业性使用在当地形成了一定的知名度，故被申请人的注册行为应当给予否定性评价。

本案与上述案例不同，商标评审委员会认为仕德伟集团公司提交的证据不足以证明其将“仕德伟”作为商号在先使用在“服装”等商品上并有一定知名度，故被异议商标的使用或注册申请未构成2001年《商标法》第31条所指的“损害他人现有的在先权利”之情形。法院的标准变成了“在先商号要在申请注册商标核定范围的商品或服务上使用过”，并且“该商号具有一定知名度”，严格遵循了“混淆+知名度”的判断模式。

但是，混淆原则在他人主张在先企业名称权时并非是绝对性要件，尤其当在先商号的知名度达到一定高度时，便可以进行商品跨类的保护，不再局限于企业名称中商号本身限定的行业领域，比如某些大型国企的商号。在第1988700号“小肥羊”商标异议复审案中，被申请人将“小肥羊”字样申请在了矿泉水等商品上，而申请人内蒙古小肥羊公司的经营范围仅限于餐饮服务行业，商标评审委员会与一审法院都认为两者使用的商品服务范围相差甚远，不会造成混淆，因而不会损害“小肥羊”在先商号。但是，二审法院推翻了这一观点，认为内蒙古小肥羊公司提供的证据足以证明“小肥羊”商号在餐饮行业具有较高知名度，将其使用在矿泉水商品上会使消费者以为两者之间存在特定联系，因此对被异议商标的注册不予核准。上述案例对混淆原则进行了扩大适用，对具有较高知名度商号，只要能使消费者产生特定联系，即可适用2013年《商标法》第32条之规定。

除了上述具有较高知名度的商号，“中华老字号”的保护会完全突破混淆原则和经营地的适用。“中华老字号”专指具有悠久历史,世代传承的产品、技艺或者服务,在长期的经营活动中,取得消费者的广泛认同,一般具有很高的品牌信誉,典型的如“同仁堂”“内联升”等,其知名程度可以达到驰名商标的水平。因此,其保护范围也会比普通知名商号的范围更广,法院在认定“中华老字号”构成在先商号时会更加偏向于商品或服务的跨类保护,甚至是跨地区保护。

3. 对他人未注册商标之保护

在我国,商标的取得采取了商标注册制度和申请在先原则,虽然这种制度对商标的管理秩序起到了稳定的作用,但同时也会给利用注册程序进行不正当竞争、损害未注册商标所有人的正当权益的人留下可乘之机。商标法不仅要维持商品与商标之间的紧密联系,防止消费者混淆,而且也要求商标注册申请人遵循诚实信用原则,维持市场的良好竞争秩序。因此,我国在几次商标法的修改中都强调对未注册商标的保护,现行《商标法》第 32 条后半段将“他人已经使用并有一定影响”的商标作为一种特殊情形予以了保护。可见我国商标法目前采取的是申请在先原则为主、使用在先原则为辅的立法构造。当然,我国对未注册商标的保护具有一定的要求,在《意见》第 18 条和《规定》第 23 条中都对未注册商标的保护进行了限定,主要由以下几个要素:

(1)未注册商标已经在先使用。根据《意见》,未注册商标需在中国境内实际使用,也即必须建立商标与商品或服务之间的稳定联系,商标应附着于商品或服务流通在相关市场中,而不能仅存在于广告宣传或者交易文书中。

(2)未注册商标有一定影响。有抢注行为并不意味着该商标具有一定影响力,在先使用人必须举证证明其在先商标有一定的持续使用时间、区域、销售量或者广告宣传,在中国市场范围内为消费者所公知。此时,商标注册申请人主观上才有明知或者应知该商标的可能,才能推定其构成“以不正当手段抢先注册”。

(3)只能禁止他人在相同或类似商品上抢先注册相同或近似商标。这一点是为了区分有一定影响力的未注册商标和驰名商标保护的范围,因此只是将未注册商标的保护限定在了相同或者类似商品上,否则会使对有一定影响的未注册商标的保护强于驰名商标。

·律师提示·

我国的企业名称权即商号是在区分地域的范围上考量是否存在冲突的，而商标权是全国范围内具有排他性的。企业在确定知识产权战略时选择商标与商号一致，选择商标与商号不一致；选择在住所地的县级登记企业名称，选择在市级、省级登记企业名称，将字号登记成全国无区域的企业名称，或者在香港登记与国内一致商号的企业名称。以上战略并不能简单地评判优劣，需要根据企业的商标情况、规模、发展阶段、品牌战略、品牌的多样性、国际战略、商号权显著性等方面进行综合的考量再做出适合企业发展的战略。

商标权与企业名称权冲突的案件量呈上升趋势，在先权利人除了证明在先权利外还应当证明共同存在于市场容易导致消费者误认、容易导致市场混淆的可能性。如果以损害在先企业名称权为由提起的商标异议或者商标无效，需要证明：(1)在系争商标申请注册之前即已在先登记或使用商号；(2)商号在中国相关公众中具有一定的知名度；(3)系争商标的注册与使用容易导致相关公众产生混淆，致使在先商号权人的利益可能受到损害。在致使在先有较高知名度的商号权人的利益受到损害的认定方面，有一些法院在混淆可能性的认定上可能会采取相对宽松的标准，将存在关联性的商品或者服务亦纳入了保护的范围，这点值得企业特别注意。

专题五

在先权利人的判定

核心要点一

具有关联关系或者继承关系的商标权的转移

案例12

顺德市福象橡胶工业制品厂诉商评委及第三人福建七匹狼集团有限公司第1459059号“七匹狼SEVENWOLFS及图”商标异议复审行政纠纷案

【案件索引】

一审案号:北京市第一中级人民法院(2009)一中行初字第1982号行政判决书

二审案号:北京市高级人民法院(2010)高行终字第635号行政判决书

【基本案情】

顺德市福象橡胶工业制品厂(以下简称福象橡胶厂)于1999年在“车辆轮胎、车辆用轮胎、气胎(轮胎)、车辆实心轮胎”等商品上申请了第1459059号“SEVEN-WOLFS七匹狼及图”商标(以下简称被异议商标,见图12-1),后经商标局初步审查予以公告。福建七匹狼集团有限公司(以下简称七匹狼公司)得知情况后,以2001年《商标法》第13条第2款的规定为由,认为上述申请商标侵犯其第513537号商标的在先商标权(以下简称引证商标,见图12-2),该商标核定使用在"服装"类商品上,因此向商标局提出异议申请。2002年商标局经过审理认定:被异议商标与七匹狼公司在先注册的"七匹狼SEVENWOLFS及图"商标核定使用的商品不同,未构成类似商品上的近似商标,七匹狼公司在先注册的"七匹狼SEVENWOLFS及图"商标的知名度主要在服装商品上,并不包括被异议商标指定使用的商品,且二者在图形及字母组成上具有一定差异,被异议商标的注册和使用不会造成消费者的混淆。据此裁定:被异议商标予以核准注册。

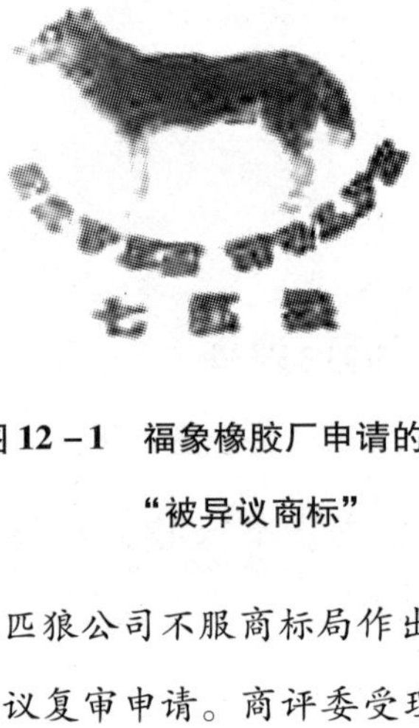

图12-1 福象橡胶厂申请的"被异议商标"

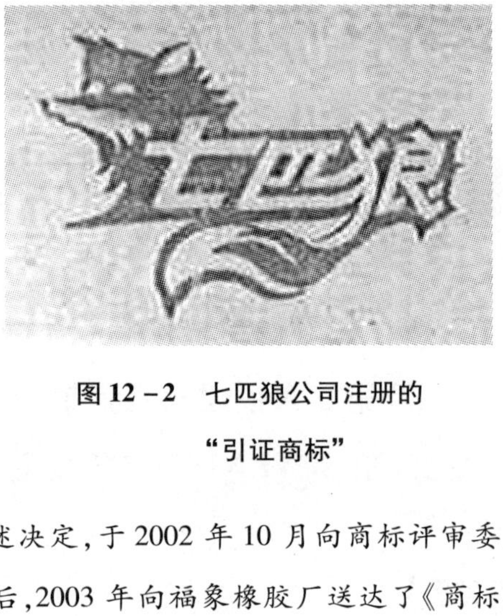

图12-2 七匹狼公司注册的"引证商标"

七匹狼公司不服商标局作出的上述决定,于2002年10月向商标评审委员会提出异议复审申请。商评委受理该案后,2003年向福象橡胶厂送达了《商标异议复审答辩通知书》,广东省某商标所作为代理人向商评委提交了《异议复审答辩书》及《商标评审代理委托书》,上述答辩书上记载的答辩人为"顺德市福象橡胶工业制品厂",并加盖了该商标代理机构的印章,但是委托书上记载的委托人是"顺德市福象橡胶工业制品有限公司",并加盖了该公司的印章。

商评委经过审查,于2009年作出裁定:七匹狼公司提交的引证商标的相关宣传、使用证据不能证明引证商标在被异议商标申请日期前已为中国相关公众广为知晓并享有较高声誉,七匹狼公司提交的其"七匹狼"系列商标在被认定为驰名商标受保护的记录亦是在被异议商标申请日期之后5年,并且被异议商标与引证商标各自指定商品服装和摩托车等在功能用途和销售渠道等方面差别较大,因此,被异议商标使用在指定商品上未构成《商标法》第13条第2款所规定的复制、摹仿或者翻译他人已经在中国注册的驰名商标,误导公众的情形。据此,裁定被异议商标予以核准注册。但是未对上述两份材料主体予以审查并作出裁定。

上述裁定作出后,七匹狼公司不服,于2009年向北京市第一中级人民法院提出行政诉讼。而此时七匹狼公司也得知,在此之前,被异议商标的注册人福象橡胶厂已被核准注销,因此七匹狼公司提起诉讼时,除了继续主张被异议商标侵犯其在先知名商标权外,同时主张被异议商标主体已不存在,应不予注册的观点,并向北京市一中院提交了该厂已被核准注销登记的证明。一审法院审理后维持了商标评审委员会的裁定,故七匹狼公司提起上诉。

二审法院经查,顺德市福象橡胶制品有限公司成立于2000年4月25日,企业类型为有限责任公司,两份材料主体不一致,并且本案现有证据不能证明福象橡胶厂与顺德市福象橡胶制品有限公司存在任何关联关系。

【判决与理由】

一审法院认为:虽然七匹狼公司在诉讼期间提交了福象橡胶厂被核准注销登记的证明,但其未能提交福象橡胶厂是否进行资产清算的证据,且福象橡胶厂被核准注销登记的事实发生在商标评审委员会评审之前,七匹狼公司在提起商标异议复审时应当能够向商标评审委员会提出该证据,故七匹狼公司主张福象橡胶厂主体不存在,被异议商标不应予以注册的主张缺乏事实和法律依据。因此,维持商标评审委员会作出的第18146号裁定。

二审法院认为:第一,在异议复审程序期间,商标评审委员会未审查广东省商标事务所作为代理人提交的《商标异议复审的答辩书》所记载的被异议人福象橡胶厂与《商标评审代理委托书》所记载的委托人顺德市福象橡胶制品有限公司是否存在关联关系,即同意顺德市福象橡胶制品有限公司作为被异议人参加了复审程序,存在审查不当等疏忽之处,本案现有证据也不能证明福象橡胶厂与顺德市福象橡胶制品有限公司存在任何关联关系。由于被异议商标的申请人福象橡胶厂已于被异议商标的异议期间被依法核准注销,其民事主体资格自注销之日起已不复存在,商标评审委员会在被异议商标的异议复审期间未顾及被异议商标的申请人已被注销的事实,故应在查明相关事实后重新作出裁定,其作出的第 18146 号裁定应予撤销。第二,一审法院在查明被异议商标的申请人福象橡胶厂已经注销的事实后,亦未审查顺德市福象橡胶制品有限公司是否有权参加异议复审程序,即判决维持商标评审委员会作出的第 18146 号裁定,显然不当,撤销一审判决。

【相关法条】

1. 2013 年《商标法》第四十二条

转让注册商标的,转让人和受让人应当签订转让协议,并共同向商标局提出申请。受让人应当保证使用该注册商标的商品质量。

转让注册商标的,商标注册人对其在同一种商品上注册的近似的商标,或者在类似商品上注册的相同或者近似的商标,应当一并转让。

对容易导致混淆或者有其他不良影响的转让,商标局不予核准,书面通知申请人并说明理由。

转让注册商标经核准后,予以公告。受让人自公告之日起享有商标专用权。

2. 2014 年《商标法实施条例》第三十一条

转让注册商标的,转让人和受让人应当向商标局提交转让注册商标申请书。转让注册商标申请手续应当由转让人和受让人共同办理。商标局核准转让注册商标申请的,发给受让人相应证明,并予以公告。

转让注册商标,商标注册人对其在同一种或者类似商品上注册的相同或者近似的商标未一并转让的,由商标局通知其限期改正;期满未改正的,视为放弃转让该注册商标的申请,商标局应当书面通知申请人。

3. 2014 年《商标法实施条例》第三十二条

注册商标专用权因转让以外的继承等其他事由发生移转的,接受该注册商标专用权的当事人应当凭有关证明文件或者法律文书到商标局办理注册商标专用权移转手续。

注册商标专用权移转的，注册商标专用权人在同一种或者类似商品上注册的相同或者近似的商标，应当一并移转；未一并移转的，由商标局通知其限期改正；期满未改正的，视为放弃该移转注册商标的申请，商标局应当书面通知申请人。

商标移转申请经核准的，予以公告。接受该注册商标专用权移转的当事人自公告之日起享有商标专用权。

【代理人评析】

1. 2013年《商标法》第42条解读

(1)立法目的

现行《商标法》第42条主要对商标转让的形式要件做出一般性规定。在市场上，商标作为一种有价值的财产，权利人当然有权利处分自己的财产权。但是，我国的商标采用注册取得制度，也即商标拥有者向商标局提出注册申请，经过公告、审查、核准等流程后获得注册商标权。由此可见，我国商标权保护建立在一种绝对公信力的公示公告制度的基础上。与普通货物财产的买卖不一样，为了准确地反映商标权利的归属和存在状态，保证权利的拥有者具有法定的唯一性，保障商标转让、许可、质押等交易的安全，唯有核准登记的公示制度才能具有公信力和确定力。因此，在我国商标转让过程中必须向商标局提出申请并予以核准才能完成转让的所有步骤。

(2)立法沿革

2001年及以前，我国《商标法》只规定转让注册商标的，应当由转让人和受让人签订转让协议，并共同向商标局提出申请，受让人须保证使用该注册商标的商品质量，经核准公告后享有商标专用权。可以看出当时的规定较为简单，只注重转让的形式要件。2002年《商标法实施条例》中对在同一种或者类似商品上注册的相同或者近似的商标转让作出限制，应当一并转让，并且要求转让注册商标申请手续由受让人办理。同时对除商标转让以外其他商标转移情形进行限制。

2013年，我国修订《商标法》，将2002年《商标法实施条例》中有关同一种或者类似商品上注册的相同或者近似的商标转让纳入《商标法》中，并且增加了一种限制情形，即“对容易导致混淆或者有其他不良影响的转让，商标局不予核准”。2014年《商标法实施条例》基本上沿袭2002年条例的规定，只是将“转让注册商标申请手续由受让人办理”改为“由转让人和受让人共同办理”，此次修改目的主要是防止他人通过提供虚假的申请文件擅自更改商标权的归属问题。有关商标移转的其他情形与2002年条例的规定并无差别。

2. 商标专用权转移的一般途径

（1）商标权的转让

所谓商标权的转让，是指注册商标权利人将其拥有的注册商标以及商标专用权完全转让给他人所有。转让关系实现后，受让人成为该商标新的商标专用权人，原权利人丧失所有关该商标的专有权利。

从各国法律来看，商标转让的方式通常有两种模式：一种是商标所有人将商标与企业或者企业信誉一并转让；另一种是单独转让商标。从商标区别商品来源的功能来讲，商标不应该被单独转让，因为容易造成欺骗消费者的情形。但大多数国家的法律突破了这一观点，因为商标的功能已经发生了一定的改变，不仅仅限于区别商品来源，也会起到对商品质量保证的作用，对消费者而言只要能买到物美价廉的商品便已经实现了商标的功能，并不一定要让消费者意识到附有该商标商品具体来源于哪一家企业。TRIPs第21条也明确承认商标权可以单独转让。我国《商标法》第42条也并没有对转让方式做出具体要求，因此在我国可以单独转让商标。

（2）注册商标的移转

注册商标的移转是指因转让以外其他的事由发生商标权利的转移，此类情形《商标法》并未作以规定，只是体现在《商标法实施条例》中。在实践中主要有以下两种移转情形：

①注册商标因公司的合并、分立而移转

对企业合并来讲，其商标权由合并后的新企业继受，这与《公司法》中有关公司财产、债务等合并后的处理规则一致。但对于企业分立来讲，分立后的企业应当就商标权的归属作以约定，可以保持共有，也可以协议一方获得。企业的合并与分立发生后，接受该注册商标移转的当事人应当凭有关证明文件或者生效的法律文书到商标局办理商标移转登记手续，如企业并购合同、企业注册登记簿、商标归属协议等。

②注册商标依继承而移转

在我国，个人也可以作为注册商标的申请人。作为一种财产权，商标权必然和其他财产权具有相同的属性，当作为商标权利人的公民死亡，其继承人自然可以按照继承法有关规定或者遗嘱继承该商标专用权，只要该继承人能够向商标局提出申请，并提供有关继承的文件即可。

3. 商标专用权转移中的限制

（1）一并转移原则

2013 年《商标法》第 42 条第 2 款规定，转让注册商标的，商标注册人对其在同一种商品上注册的近似的商标，或者在类似商品上注册的相同或者近似的商标，应当一并转让。此款设立的目的在于保护消费者利益，防止转让行为引起消费者的混淆。同样地，一并转移原则也适用于除商标权转让外的其他商标移转情形，具体来讲，主要分为以下几种情况：①同一商品上注册的近似商标，如娃哈哈集团公司在乳制品商品上注册了“娃哈哈”“哈娃娃”等近似商标，在转让主商标“娃哈哈”时应当一并转让其他近似商标；②类似商品上注册的相同或者近似商标。商标权人为了尽可能地扩大商标适用范围或者保护已取得较高声誉的本商标，常常会在注册申请商标时尽可能地选择多的类似商品或者服务种类。在转让该商标时，如果分割转让则会出现市场上两个商标所有权人就类似商品上存在相同或者近似商标的现象，有可能造成商品来源的混淆。

（2）商标权人在许可他人使用商标后再转让的法律后果

2013 年《商标法》第 42 条和第 43 条分别就商标的转让和许可使用的方式做出规定，但是如果商标权人在已经将商标许可他人使用后再转让给第三人时，就会在商标的转让和许可之间发生冲突，这种冲突怎么解决，《商标法》和《商标法实施条例》并没有给出明确的规定。但是，可以根据有关商标转让和许可的其他规定进行解释。2002 年《最高人民法院关于审理商标民事纠纷案件适用法律若干问题的解释》(以下简称《解释》)第 20 条规定:"注册商标的转让不影响转让前已经生效的商标使用许可合同的效力,但商标使用许可合同另有约定的除外",也即商标转让前的许可合同效力持续存在,不因商标转让行为而失去效力。该条司法解释也规定了除外的情况,即商标使用许可合同对此另有约定的,依照该约定执行,也就是说,原来的商标使用许可合同约定商标转让终结商标使用合同等条款的,应当按照约定处理。这充分体现了当事人约定优先的原则。

根据《解释》第 3 条规定,商标许可主要包括三种类型,分别是独占使用许可、排他使用许可、普通使用许可。独占使用许可,是指商标注册人在约定的期间、地域和以约定的方式,将该注册商标仅许可一个被许可人使用,商标注册人依约定不得使用该注册商标。被许可人根据这种许可使用的方式可以行使禁止权,即可以独立对抗第三人的侵权行为。排他使用许可,是指商标注册人在约定的期间、地域和以约定的方式,将该注册商标仅许可一个被许可人使用,商标注册人依约定可以使用该注册商标但不得另行许可他人使用该注册商标。普通使用许可,是指商标注册人在约定的期间、地域和以约定的方式,许可他人使用其注册商标,并可自行使用该注册商标和许可他人使用其注册商标。

从商标许可的类型和许可合同的效力来看,商标许可后的转让行为应当得到一定得限制。商标权人在商标许可期限内转让商标的应该通知被许可人,征得被许可人的同意。转让注册核准之后,许可合同关系仍然存续有效,如果被许可人不同意商标转让的,就应该先解除许可使用合同,再启动商标转让程序。

(3)受让人的主体资格限制

2013 年《商标法》第 42 条第 1 款中指出,商标受让人有保障注册商标商品质量的义务。换言之,受让方应具备主体资格和主体能力两方面的资质。一方面,受让方应当享有与转让方对等的资格,在我国存在某些商品特许经营的情况,此类商品的经营和商标注册必须先经过相关行政部门的行政审批,如烟草类商品、药物类商品。因此,对此类商品的商标进行转让时,受让方也应经过相关行政审批,具备经营资格。另一方面,受让方还需要具备保证使用该商标商品质量的能力,保护消费者的信赖利益,比如集体商标、证明商标的转让。

（4）禁止转让容易导致混淆或存在其他不良影响的商标

2013 年《商标法》新增规定，“对容易导致混淆或者有其他不良影响的商标转让，商标局不予核准”，此款规定重申了第 42 条的立法本意，旨在通过干预商标转让的方式，保护消费者利益。

（5）转让方与受让方同时至商标局办理权利转移手续

2014 年《商标法实施条例》重新修订后，要求在进行商标转让的申请程序中，需要转让方与受让方共同办理商标转移手续，不再按照 2002 年条例中规定由受让方办理商标转移手续。这样的改动从很大程度上防止了他人通过提供虚假转让合同或者其他材料进行商标非法转移的情形。

核心要点二
商标争议案件对申请人主体的限制

案例 13

乐途运动意大利股份公司诉商评委及第三人晋江市陈埭雄志鞋业有限公司第 3014667 号“图形”商标争议行政纠纷案

【案件索引】

一审案号:北京市第一中级人民法院(2011)一中行初字第 1168 号行政判决书

【基本案情】

2008 年 1 月 31 日,申请人乐途运动意大利股份公司(以下简称乐途公司)对被申请人晋江市陈埭雄志鞋业有限公司(以下简称雄志公司)注册的第 3014667 号“图形”商标(以下简称争议商标,见图 13 - 1)提出争议申请。争议商标于 2001 年 11 月 9 日提出申请,于 2003 年 1 月 28 日被核准注册,核定使用商品为第 25 类:服装、婴儿裤、体操服、足球鞋、鞋、运动鞋、帽子、袜、手套(服装)、围巾。

乐途公司申请争议裁定的主要理由是:申请人是第 256982 号双菱图形引证商标(见图 13 - 2)在中国的注册所有人,引证商标于 1985 年 9 月 20 日由乐途有限公司提出申请,1986 年 7 月 30 日被核准注册,核定使用商品为:衣服、鞋。争议商标与引证商标极为近似,指定使用的商品相同且引证商标申请注册在先并具有极高的知名度,雄志公司缺乏诚实信用,摹仿他人注册商标,考虑到引证商标的知名度,以及争议商标的注册和使用可能对市场、社会造成不良的后果,据此,请求商标评审委员会根据 2001 年《商标法》第 13 条(2013 年《商标法》第 13 条第 2 款)、第 28 条(2013 年《商标法》第 30 条)、第 31 条(2013 年《商标法》第 32 条)的规定,撤销争议商标的注册。

图 13－1　雄志公司注册的"争议商标"

图 13－2　乐途公司所有的"引证商标"

雄志公司答辩的主要理由:第一,乐途公司提出争议申请时争议商标注册已经超过 5 年,即争议商标已过异议期;第二,争议商标与第 256982 号引证商标构图差别较大,整体外观区别明显,不构成近似商标,争议商标不构成对申请人引证商标的复制、摹仿。据此,主张商标评审委员会维持争议商标的注册。

商标评审委员会认为,本案争议商标专用期限自 2003 年 1 月 28 日起至 2008 年 1 月 28 日满 5 年。经查,乐途公司提交的信封邮戳显示其基础争议申请的时间为 2008 年 1 月 28 日(星期一),其提出撤销裁定申请未过法定期限。同时认定争议商标与第 256982 号引证商标构图差别较大,整体外观亦存在一定差异,故乐途公司称争议商标构成对其引证商标的复制、摹仿,从而侵犯其商标专用权的理由不能成立。基于此,裁定争议商标未违反 2001 年《商标法》第 13 条、第 28 条、第 31 条的规定,予以维持。

乐途公司不服商标评审委员会作出的争议裁定,于法定期限内向北京市第一中级人民法院提起行政诉讼。主要理由有:第一,商标评审委员会作出的裁定缺乏客观证据,其结果对原告造成不公,商标评审委员会未对争议商标与引证商标的近似加以具体的分析和比较；第二，商标评审委员会没有认定争议商标所反映的恶意，雄志公司的商标以及使用情况可以直接证明其缺乏诚实信用，以及不断对他人商标进行仿冒的事实；第三，商标评审委员会没有充分考虑引证商标的知名度，以及争议商标的注册和使用可能对市场和社会造成的不良后果，主张商标评审委员会认定事实和适用法律错误，请求法院撤销该裁定，并要求商标评审委员会重新作出裁定。

【判决与理由】

一审法院认为：引证商标于1985年9月20日由乐途公司提出申请，1986年7月30日被核准注册，核定使用商品为：衣服、鞋。该商标于2003年7月28日，由乐途公司名下转至"乐途运动意大利股份公司"名下，2005年9月21日又由"乐途运动意大利股份公司"名下转至"乐途运动香港有限公司"名下，故引证商标目前的注册人是"乐途运动香港有限公司"。因此，本案焦点问题是原告是否具备提起本案争议裁定申请人的主体资格。

根据2002年《商标法实施条例》第29条的规定：2001年《商标法》第41条第3款所称对已注册商标有争议，是指在先申请注册的商标注册人认为他人在后申请注册的商标与其在同一种或者类似商品上的注册商标相同或者近似。因此，在先注册商标的商标注册人才有权就2013年《商标法》第41条第3款提起商标争议裁定申请。本案中，乐途运动意大利股份公司在提起本案争议裁定之时，已经不再是引证商标的商标注册人。因此，其无权依照2013年《商标法》第41条第3款提起商标争议裁定，其主体资格不适格。根据2002年《商标法实施条例》第30条第3款的规定对乐途运动意大利股份公司的申请应当予以驳回。商标评审委员会在申请人主体不适格的情况下作出上述裁定，违反法定程序，依法予以撤销。

【相关法条】

1. 2013年《商标法》第三十三条

对初步审定公告的商标，自公告之日起三个月内，在先权利人、利害关系人认为违反本法第十三条第二款和第三款、第十五条、第十六条第一款、第三十条、第三十一条、第三十二条规定的,或者任何人认为违反本法第十条、第十一条、第十二条规定的,可以向商标局提出异议。公告期满无异议的,予以核准注册,发给商标注册证,并予公告。

2. 2013 年《商标法》第四十四条第一款

已经注册的商标,违反本法第十条、第十一条、第十二条规定的,或者是以欺骗手段或者其他不正当手段取得注册的,由商标局宣告该注册商标无效;其他单位或者个人可以请求商标评审委员会宣告该注册商标无效。

3. 2013 年《商标法》第四十五条第一款

已经注册的商标,违反本法第十三条第二款和第三款、第十五条、第十六条第一款、第三十条、第三十一条、第三十二条规定的,自商标注册之日起五年内,在先权利人或者利害关系人可以请求商标评审委员会宣告该注册商标无效。对恶意注册的,驰名商标所有人不受五年的时间限制。

4. 2013 年《商标法》第四十九条

商标注册人在使用注册商标的过程中,自行改变注册商标、注册人名义、地址或者其他注册事项的,由地方工商行政管理部门责令限期改正;期满不改正的,由商标局撤销其注册商标。

注册商标成为其核定使用的商品的通用名称或者没有正当理由连续三年不使用的,任何单位或者个人可以向商标局申请撤销该注册商标。商标局应当自收到申请之日起九个月内做出决定。有特殊情况需要延长的,经国务院工商行政管理部门批准,可以延长三个月。

【代理人评析】

我国《商标法》中有关商标的程序问题主要涉及申请注册程序、异议程序、无效宣告程序、商标撤销程序四个方面。在实践中,每个程序提起的适格主体和适用情形并不完全一致。在主体方面主要涉及商标局、在先权利人、利害关系人以及特殊情形下的任何单位或个人。在商标争议案件中,代理人最优先考虑以及最有效的办法便是分析考察启动商标相关程序的主体是否适格,如果可以否定对方的主体资格,则争议程序很快便会终止,这是最有力的一把武器。本部分内容将以上述不同主体在相应商标程序中的权利进行梳理,并整理相关适用的法条,以期对企业商标管理有所裨益。

1. 在先权利人与利害关系人的请求范围

在先权利,是指在申请商标注册之前的他人已有的合法权利,其对象为其他知识产权或者民事权利或权益,也即但凡可能用来作为商标的客体都可以产生在先权利,如美术绘画、作品名称等。《最高人民法院关于审理商标授权确权行政案件若干问题的意见》第 17 条指出,人民法院审查判断诉争商标是否损害他人现有的在先权利时,对于商标法已有特别规定的在先权利,按照商标法的特别规定予以保护;商标法虽无特别规定,但根据民法通则和其他法律的规定属于应予保护的合法权益的,应当根据该概括性规定给予保护。因此,在先权利人不仅包括在先商标权人、在先著作权人、在先商号权人、在先外观设计权人、在先姓名权人、在先肖像权人等具体权利人,也包括角色形象、作品名称以及角色名称等的在先权益人。

根据《商标审查及审理标准》的规定,利害关系人是指基于上述在先权利的利益相关者,主要包括商标及其他在先权利的被许可人、合法继受人、质权人,以及有其他证据证明与商标权或其他在先权利有利害关系的人。判断是否构成利害关系人原则上以申请时的状态为准,但是当案件审理时已具备利害关系的,也应当认定为利害关系人。由于商标注册行为可能导致他们的相关权益受到损害,因此赋予他们相应情形下提起异议、无效等程序的权利。

根据现行《商标法》第 33 条和第 45 条之规定,在先权利人和利害关系人可以在下列情形下对商标注册人提起商标异议程序或无效宣告程序:

(1)注册商标是复制、摹仿或者翻译他人驰名商标的。对未在中国注册的驰名商标,其保护范围仅限于相同或者类似的商品或服务,对已在中国注册的驰名商标可以进行跨类保护;

(2)存在代理关系、代表关系或者其他合同、业务往来关系中,代理人、代表人或者合同相对方抢注他人商标的；

(3)将商品的地理标志作为商标注册，而该商品并非来源于该标志所标示地区的，但是，已经善意取得注册的继续有效；

(4)与他人在同种或类似商品或服务商上已经注册的或者初步审定的商标相同或者近似的；

(5)对同一天在同一或类似商品或服务上申请相同或近似商标的两个或两个以上申请人处理结果不服的；

(6)损害他人在先权利、以不正当手段抢注他人未注册商标的。

上述六种情形为在先权利人和利害关系人进行异议程序和无效程序的请求范围。但是，需要注意的是，对上述情形提起商标异议程序的需要在商标初步审核公告后的 3 个月内提出，而无效宣告程序需要在商标核准注册后的 5 年内提出。在上述第一种情形中，对恶意注册的，驰名商标所有人提出无效宣告的时间不受 5 年期限的限制，任何时候发现侵害驰名商标的不正当注册，均可以启动无效程序。

2. 任何单位和个人的请求范围

《商标法》不仅赋予了在先权利人和利害关系人监督商标注册程序，维护自身利益的权利，同时也赋予了社会公众对商标注册监督的权利。但是，任何单位和个人仅能就违反商标本质属性，也即商标注册申请人违反了注册商标的绝对性要件时，有权启动异议程序、无效宣告程序。根据 2013 年《商标法》第 33 条、第 41 条第 1 款之规定，该类情形主要有：

(1)利用不得作为商标使用的标志注册的，如国旗、政府间组织标志、官方标志、带有歧视性色彩的标志、具有欺骗性的标志、违反社会公序良俗的标志等；

(2)缺乏显著性的标志，如仅有本商品的通用名称、图形、型号的，仅直接表示商品的质量、主要原料、功能、用途、重量、数量及其他特点的，但是，经过使用获得显著性的标志除外；

(3)三维标志具有功能性的，即仅由商品自身的性质产生的形状、为获得技术效果而需有的商品形状或者使商品具有实质性价值的形状；

(4)以欺骗手段或者其他不正当手段取得注册的。

在上述四种情形下,任何单位和个人启动异议程序仍需要在商标公告之日起3个月内进行,但无效宣告程序不受时间限制,在商标授权后的任何时间都可以进行。

除了商标异议和无效宣告程序外,任何单位和个人还能依据2013年《商标法》第49条,就商标注册人连续3年无理由不使用注册商标的情形启动商标撤销程序。因为,商标权人将自己注册的商标长期搁置不使用,不仅会使法律授予的权利束之高阁,商标的价值也无从实现,并且会长期占用社会的公共资源,无法促进有效的竞争。任何单位和个人可以在商标注册满3年后的任何时间启动商标撤销程序。需要注意的一点是,根据《最高人民法院关于审理商标授权确权行政案件若干问题的意见》的规定,如果商标权人因不可抗力、政策性限制、破产清算等客观事由,未能实际使用其注册商标或者停止使用,或者商标权人有真实使用商标的意图,并且有实际使用的必要准备,但因其他客观原因尚未实际使用注册商标的,可以认定为有正当理由不使用。

3. 商标局的审查

在商标异议程序中,商标局不能依职权主动对注册商标进行异议审查,必须经由异议人的申请,才能启动审查程序。而在商标无效宣告和撤销程序中,商标局可以依职权启动相应程序,实际上这是商标管理秩序监督的职责和纠正自身错误的表现。依据《商标法》相关规定,只有在申请注册的商标违反上述绝对性要件时,才能主动无效注册商标。对商标局作出无效注册商标的决定,当事人不服的,可以在收到决定通知之15日内向商标评审委员会申请复审。

在注册商标撤销事由中,只有当商标注册人违法使用商标时,商标局可依法主动撤销商标。根据2013年《商标法》第49条第1款之规定,“商标注册人在使用注册商标的过程中,自行改变注册商标、注册人名义、地址或者其他注册事项的,由地方工商行政管理部门责令限期改正;期满不改正的,由商标局撤销其注册商标”。在实践中,为维持商标注册的公示公信力,使用注册商标的行为需要严格按照既定的范围和图样进行,比如当一个商标以彩色的繁体字申请注册后,便不能在其商品上以简体字形式使用该商标，或者改变字体的颜色。商标注册权人更改商标需要向商标局重新提出申请，变更商标注册人、地址或其他事项的也需依法向商标局提出申请进行变更登记，否则构成对注册商标的违法使用。从法条可以看出，对商标注册人不规范使用商标的行为地方工商管理部门应当给予企业一定的整改期限，期限届满未纠正商标使用行为的，地方工商管理部门上报商标局，在由商标局作出撤销注册商标的决定。一般情况下，责令改正的期限由地方工商管理部门决定。

以下表格参照我国2013年《商标法》的具体规定，对上述三种程序进行了梳理，并整理相关适用的法条，以期对企业商标管理有所裨益（见表13－1）。

表13－1　商标异议、商标无效宣告、商标撤销程序区别一览表

<table>
<tr><th>申请阶段</th><th>申请事由</th><th>申请主体</th><th>时间限制</th><th>法条依据</th><th>具体情形</th></tr>
<tr><td rowspan="2">申请公告阶段</td><td rowspan="2">异议</td><td>任何单位或者个人</td><td rowspan="2">公告之日起3个月</td><td rowspan="2">第33条</td><td>1. 第10条、第11条、第12条；
2. 以欺骗或者其他不正当手段取得注册的行为</td></tr>
<tr><td>在先权利人或者利害关系人</td><td>第13条、第15条、第16条第1款、第30条、第31条、第32条</td></tr>
<tr><td rowspan="4">商标已授权</td><td rowspan="2">无效</td><td>商标局；任何单位或者个人</td><td>无时间限制</td><td>第44条第1款</td><td>1. 第10条、第11条、第12条；
2. 以欺骗或者其他不正当手段取得注册的行为</td></tr>
<tr><td>在先权利人或者利害关系人</td><td>注册之日起5年内（对驰名商标的恶意抢注除外）</td><td>第45条第1款</td><td>第13条、第15条、第16条第1款、第30条、第31条、第32条</td></tr>
<tr><td rowspan="2">撤销</td><td>任何单位或者个人</td><td rowspan="2">无时间限制</td><td rowspan="2">第49条</td><td>注册商标连续三年不使用</td></tr>
<tr><td>商标局</td><td>自行改变注册商标信息</td></tr>
</table>

·律师提示·

现实中，大量企业有很多关联主体，企业在商标注册与商标使用的安排上往往趋于不一致，企业往往认为商标只要在其控制之下即可，并不关注两个法人之间的商标许可关系。但在维权中，如果一个主体注销，但并未对商标做出变更或转让，那么相同股东的主体并无法直接取代原主体参与程序，而被认定主体不适合，最终将导致败诉。

由于在商标申请以及其他程序中，经常会涉及主体的更迭，此时，申请人应当注意，在提交的材料中务必提交或者补充提交前后两个主体以及并列主体之间的关联关系证明。如果是公司变更，则提供变更证明；如果存在控股关系则提供公司注册档案等证明；如果存在商标许可关系，则提供商标许可协议等。存在类似的关联关系的主体应时刻注意，关联企业之间的使用许可也需要严格签订协议以利于维权时选择合适的主体、提供合适的使用证据、提供知名度相关证据，保障自身合法权益。

专题六

商标法意义上的实际使用

核心要点

商标连续三年不使用而撤销的认定

案例 14

商标评审委员会与美特斯邦威集团有限公司等第 961859 号“田岛 TIANDAO”商标撤销复审行政纠纷案

【案件索引】

一审案号：北京市第一中级人民法院（2009）一中行初字第 1126 号行政判决书

二审案号：北京市高级人民法院（2012）高行终字第 906 号行政判决书

【基本案情】

复审商标为第 961859 号“田岛 TIANDAO”（见图 14－1）。该商标于 1995 年由温州市美特斯制衣有限公司向商标局申请注册，1997 年 3 月 14 日获准注册，指定使用的商品为第 7 类缝纫、制鞋工业用机械等。2003 年 3 月 7 日，商标所有权人经核准变更为美特斯邦威公司。

2003 年 8 月 29 日，商标局受理了东海株式会社关于撤销复审商标的申请。根据商标局的通知，美特斯邦威公司向商标局提交了其在规定期间在指定使用的商品上使用复审商标的证据材料。

商标局审查后，认为美特斯邦威公司提交的复审商标使用证据有效，故作出商标局决定，驳回东海株式会社的申请，复审商标在第7类缝纫、制鞋工业用机械商品上的注册有效，并予以维持。

图14－1　美特斯邦威公司所有的“复审商标”

东海株式会社不服商标局决定，向商评委提出复审，理由是：美特斯邦威公司提交的证据缺乏相关产品实物的佐证，不能成为证明复审商标在“缝纫、制鞋工业用机械”商品上有效使用的证据。

商标评审委员会认为，美特斯邦威公司提交的证据可以证明被申请人已将复审商标标识使用在缝纫机及其马达等配件的说明书、包装箱上，但仅有上述说明书及包装箱均不足以证明在规定期间，美特斯邦威公司在“缝纫、制鞋工业用机械”商品上对复审商标进行了具有商业意义上的公开使用。其中证据9系标有复审商标的缝纫机实物照片，其上未显示照片的具体拍摄日期，证据9存在瑕疵故不予采信，其他证据与第961859号“田岛TIANDAO”商标的使用并无直接关系，故作出被诉决定，撤销商标局决定，复审商标在“缝纫、制鞋工业用机械”商品上的注册予以撤销。

美特斯邦威公司不服，诉至一审法院。

【判决与理由】

一审法院认为：本案的争议焦点为，复审商标在2000年8月29日至2003年8月28日是否存在《商标法》意义上的使用。2002年《商标法实施条例》第3条规定：“商标法和本条例所称商标的使用，包括将商标用于商品、商品包装或者容器以及商品交易文书上，或者将商标用于广告宣传、展览以及其他商业活动中。”该条规定的商标使用应当指复审商标在商业活动中公开、真实、合法地使用。本案中，美特斯邦威公司提交的缝纫机实物照片没有显示时间，不能作为有效证据。美特斯邦威公司虽然能够证明缝纫机产品、缝纫机配件马达说明书及缝纫机头包装纸箱图纸上印有复审商标，以及美特斯邦威公司委托温州五星包装印刷厂印制了“田岛”机头包装箱、“田岛”马达包装箱、“田岛”缝纫机说明书、“田岛”马达说明书的事实，但在无其他证据佐证的情况下，仅凭以上证据不能证明上述产品已经投入市场实际使用，故不能证明复审商标在规定期间的商业活动中公开、真实、合法地使用过。美特斯邦威公司主张复审商标在规定期间存在《商标法》意义上的使用事实依据不足，不予支持。综上，依照《行政诉讼法》第 54 条第 1 项的规定，判决维持被诉决定。

美特斯邦威公司不服一审判决提起上诉，上诉的主要理由为：第一，一审法院错误认定上诉人提供的证据不能证明上诉人对复审商标在规定的期间内进行了商业意义上的使用。上诉人提交的证据显示“田岛”缝纫机产品、缝纫机配件马达说明书和缝纫机头包装纸箱上均有复审商标，温州市五星包装印刷厂出具的发货清单和发票及美特斯邦威公司与温州市五星包装印刷厂签订的《委托制作加工合同》都能够证明复审商标在规定的期间内进行了商业意义上的使用。第二，《商标法实施条例》第 3 条应当理解为只要形式上符合该条例所规定的使用的含义，都应当作为商标的使用对待。本案中美特斯邦威公司提供的证据都符合该条例第 3 条规定的商标使用的含义。综上，请求二审法院撤销一审判决，撤销被诉决定。

二审法院认为：2001 年《商标法》第 44 条规定，使用注册商标，连续三年停止使用的，由商标局责令限期改正或者撤销其注册商标。该规定的立法目的在于促使注册商标在商业活动中得到实际应用。[①]《商标法实施条例》第 3 条规定，商标法和本条例所称商标的使用，包括将商标用于商品、商品包装或者容器以及商品交易文书上，或者将商标用于广告宣传、展览以及其他商业活动中。该规定是对注册商标是否进行了《商标法》意义上的使用的进一步阐释，即符合将商标用于商品、商品包装或者容器以及商品交易文书上，或者将商标用于广告宣传、展览以及其他商

① 该项对应 2013 年《商标法》第 49 条第 2 款第 1 句，内容修改为：“注册商标成为其核定使用的商品的通用名称或者没有正当理由连续三年不使用的，任何单位或者个人可以向商标局申请撤销该注册商标。”

业活动中的情形,均应认定对注册商标进行了使用。本案中,美特斯邦威公司向商标局和商评委提交的印刷田岛机头包装箱、田岛马达包装箱、田岛缝纫机说明书、田岛马达说明书等相关证据,能够证明美特斯邦威公司于 2000 年 8 月 29 日至 2003 年 8 月 28 日间将复审商标用于商品包装及商品交易文书上的事实,已构成对注册商标的使用。美特斯邦威公司提交的显示标有复审商标的商品照片、包装箱、说明书等证据也进一步佐证了其对复审商标的使用。商评委认为上述证据不足以证明复审商标在规定期间的商业活动中进行了公开、真实、合法的使用的主张属于认定事实不清,一审判决未予纠正亦属不当。

【相关法条】

1. 2001 年《商标法》第四十四条第(四)项

使用注册商标,连续三年停止使用的,由商标局责令限期改正或者撤销其注册商标。

2. 2002 年《商标法实施条例》第三条

商标法和本条例所称商标的使用,包括将商标用于商品、商品包装或者容器以及商品交易文书上,或者将商标用于广告宣传、展览以及其他商业活动中。

3. 2002 年《商标法实施条例》第三十九条第二款

有商标法第四十四条第(四)项行为的,任何人可以向商标局申请撤销该注册商标,并说明有关情况。商标局应当通知商标注册人,限其自收到通知之日起 2 个月内提交该商标在撤销申请提出前使用的证据材料或者说明不使用的正当理由;期满不提供使用的证据材料或者证据材料无效并没有正当理由的,由商标局撤销其注册商标。

4. 2013 年《商标法》第四十九条第二款

注册商标成为其核定使用的商品的通用名称或者没有正当理由连续三年不使用的,任何单位或者个人可以向商标局申请撤销该注册商标。商标局应当自收到申请之日起九个月内做出决定。有特殊情况需要延长的,经国务院工商行政管理部门批准,可以延长三个月。

5. 2013 年《商标法》第四十八条

本法所称商标的使用，是指将商标用于商品、商品包装或者容器以及商品交易文书上，或者将商标用于广告宣传、展览以及其他商业活动中，用于识别商品来源的行为。

【代理人评析】

1. "撤三"制度概说

(1) 立法目的

注册商标没有正当理由连续三年不使用的，任何单位和个人可以向商标局申请撤销该商标，这一制度被业内人士简称为商标的"撤三"制度。我国之所以建立这一商标制度，其立法目的主要有两方面。一方面，该制度是为了督促商标权利人将商标投入市场使用，发挥商标本身识别商品或服务来源的功能。另一方面，由于我国在商标的取得上采取先注册原则，导致大量抢注商标、防御商标、联合商标等，这些商标绝大部分并不会被使用在所核定商品或者服务上，只是出于保护核心商标或者提前占领商标公共资源而保持闲置状态，导致商标行政管理成本增加。因此，商标的"撤三"制度在激活商标资源，清理闲置商标以及维持商标良好竞争秩序上有着重要的作用。

(2) 申请主体

"撤三"制度是为了保证商标资源的合理配置，2013 年《商标法》修订之前，商标"撤三"的申请主体在《商标法实施条例》中作出规定，后将此规定纳入修改后的《商标法》第 49 条中，规定任何人或者单位均可以对连续三年不使用的商标提起撤销申请，但商标局或者商标评审委员会并不会主动审查商标使用情况。虽然，对申请主体不做限制要求在一定程度上加强了市场对商标的监管，有利于商标行政管理的简政放权，但是同样也导致了"撤三"制度的异化现象，即在未明确规定申请主体的适格标准时，容易出现同一主体连续多次向商标局提出"撤三"申请，妨碍商标权利人对商标的正常使用，成为一种恶意打击竞争对手，抢夺商标权的手段，造成商标管理成本的增加。

2. 商标法意义上的商标使用

(1)使用主体

《最高人民法院关于审理商标授权确权行政案件若干问题的意见》(以下简称《意见》)第20条指出商标权人自行使用、许可他人使用以及其他不违背商标权人意志的使用,均可认定属于实际使用的行为。需要强调的是,《意见》中许可他人使用应该理解为被许可人在接受商标许可后在市场中实际使用,而单纯的许可行为不能认定为商标权利人的使用行为。

因此,商标的使用从主体上来看主要分为商标权人自行使用和被许可人使用。被许可人使用商标的行为只有在具有合法权源的前提下,即签署商标许可使用合同并备案,才能认定为商标使用,否则是商标侵权行为。但是,在实践中有特殊情况,如果商标权人与实际使用人之间存在某种特定的关系,比如双方为母子公司、控股公司关系等,即使没有正式的许可使用合同,仍可以认定为具有合法权源。商标"撤三"制度是为了减少商标资源浪费,激活闲置商标。因此,在这种情况下,可以认定为"其他不违背商标权人意志的使用",商标具有发挥其功能的作用,不能被撤销。

(2)使用方式

根据我国《商标法》的规定,注册商标的专用权,以核准注册的商标和核定使用的商品为限。因此,商标权人应当规范使用其注册的商标,也即在核定使用的商品上使用核准注册的商标。实践中,有的商标权利人实际使用的商标与核准注册的商标虽有细微差别,但未改变其显著特征的,以相关公众的一般注意力不会产生差异性认识的,也可以视为注册商标的使用。

1)实际使用的判断

在商标"撤三"案件中,最重要的争诉焦点是商标是否已经实际使用。本案中,两审法院给出了两种完全不同的意见。一审法院认为商标使用应当指复审商标在商业活动中公开、真实、合法地使用,而被申请人提供的证据仅有印制了"田岛"机头、马达包装箱,以及标有"田岛"字样的缝纫机、马达说明书,在无其他证据佐证的情况下,以上证据不能证明上述产品已经投入市场实际使用。可以看出,一审法院采用的是商品实际流通于市场的观点。二审法院则采用了符合法定要件的观点，只要被申请人明确有法律规定的使用情形，便构成商标法意义上的使用。相较之下，一审法院有意地提高了法定标准，加重了商标权利人使用商标的举证责任，这与商标法“撤三”制度的立法本意有一定出入。

2002年《商标法实施条例》指出，商标的使用，包括将商标用于商品、商品包装或者容器以及商品交易文书上，或者将商标用于广告宣传、展览以及其他商业活动中。在2013年《商标法》修改时将此条款列入第48条，并附加商标使用的要件——用于识别商品来源功能的实现。2016年，最高人民法院在“东风”定牌加工案中，再次重申商标本质属性是其识别性或者指示性，不用于识别或区分来源的使用，不是商标法意义上的使用行为。因此，除了法条明确列举的几种使用行为外，在判断其他使用行为是否构成商标法意义上的实际使用时，应综合考虑能否实现商标功能这一要素。本案中被申请人提供的包装箱以及说明书上的“田岛”商标具有典型意义上的区别商品来源的功能，因此满足商标法意义上的使用。

2）不被视为商标法意义上的商标使用

如上文所述，如果商标不能发挥其识别商品、服务来源的功能时，便不存在使用的价值，因此国家工商行政管理总局商标局发布哪些情形不视为《商标法》意义上的商标使用①：

①商标注册信息的公布或者商标注册人关于对其注册商标享有专用权的声明；

②未在公开的商业领域使用；

③仅作为赠品使用；

④仅有转让或许可行为而没有实际使用；

⑤仅以维持商标注册为目的的象征性使用；

⑥如果实际使用的商标与核准注册的商标相比，改变了其显著特征的，不能视

① 国家工商行政管理总局商标局2018年9月5日发布哪些情形不被视为《商标法》意义上的商标使用。

为注册商标的使用。

上述前五项使用行为由于没有在商业活动中实际使用注册商标，这些情形显然无法真正发挥商标的基本功能，不宜认定为商标使用。需要注意的是商标使用的前提是在该商标核准注册的商品或服务上使用，而第六种行为是对注册商标的违法使用，自行改变注册商标，会严重损害注册商标的公信力，也可能造成消费者的误认，这种不规范的使用应当予以排除，甚至可以由商标局撤销该商标。

3）商标使用证据的要求

根据我国现行《商标法实施条例》第66条规定，在商标“撤三”制度中有商标注册人承担商标使用的举证责任。商标使用的证据材料，包括商标注册人使用注册商标的证据材料和商标注册人许可他人使用注册商标的证据材料。在《商标审查及审理标准》中规定，用以证明系争商标不存在连续三年不使用的情形的证据材料，应当符合以下要求：

①能够显示出使用的系争商标标识。

②能够显示出系争商标使用在指定使用的商品/服务上。

③能够显示出系争商标的使用人，既包括商标注册人自己，也包括商标注册人许可的他人。如许可他人使用的，应当能够证明许可使用关系的存在（当然，如果许可双方之间存在诸如母子公司的关系，则不需要许可合同证明）。

④能够显示出系争商标的使用日期，且应当在自撤销申请之日起向前推算三年内。

⑤能够证明系争商标在《商标法》效力所及地域范围内的使用。

3. 不规范使用商标的使用认定

商标的不规范使用，是指商标注册人在使用注册商标的过程中，自行改变注册商标、注册人名义、地址或者其他事项的行为。商标因不规范使用将由商标局责令限期改正，期满未改正的，由商标局撤销其注册商标。商标的注册取得制本就是一种公示公信的制度，一方面为了商标所有权人表征其权利，另一方面是为了他人识别商标权人的权利范围。如果在实际使用中违反了以上要求便会损害商标的公信力。

4. 具有正当理由未使用,不被"撤三"

2010 年《授权确权意见》中指明,如果商标权利人连续三年不使用商标具有正当理由,则可以不受"撤三"制度的限制,因为将注册商标真实投入商业使用一方面有赖于商标权人的主观意愿和实际行为,另一方面也需要其他客观条件的配合。2010 年最高人民法院发布的《授权确权意见》中第 20 条规定,在以下几种情况下,商标权利人不使用商标具有正当理由:

(1)因不可抗力未使用或者停止商标;

(2)因政策性限制未使用或者停止使用商标;

(3)因破产清算未使用或者停止使用商标;

(4)商标权人有真实使用商标的意图,并且有实际使用的必要准备,但因其他不可归责于商标注册人的客观事由,尚未实际使用或者停止使用注册商标。

前三种商标未使用是基于法定事由,第四项主要针对有些经营活动需要行政审批的情形,商标权人会因尚未获得审批而未能使用注册商标。对于这种情况,人民法院不能一概认为商标权人存在不使用的正当理由,还需要具体考察商标权利人是否满足第四项的要求,是否为了使用商标按照规定积极去申请审批。只有商标权人积极实施了申请审批的行为,才能被评价为具有正当性。反之,则不具有正当理由。

当然,司法实践中,第四项也可以扩大适用范围,只要满足"具有真实使用的意图"和"有实际使用的必要准备"两个充分条件,便具有了正当理由。在"汪贝贝等诉谢碧珊"一案中,法院认为:"潘勤和汪贝贝于 2013 年 3 月 18 日与诉争商标原权利人赵强签订转让合同后,随即于 2013 年 5 月和 6 月分别授权锦星公司、海滨公司使用诉争商标,并于 2014 年 1 月通过锦星公司与息县产业集聚区管理委员会签订相关投资协议,后又成立了信阳好彩头公司和好彩头公司,由此可以看出,汪贝贝对诉争商标具有真实的使用意图并为使用诉争商标开展了相应准备工作。"因此,判决认为汪贝贝连续三年未使用其注册商标具有正当理由,不应被撤销。

·律师提示·

企业的商标战略选择至关重要，一方面选择好的战略不仅可以节约商标管理的成本，包括申请、维权等成本。另一方面，可以保证商标市场资源的充分活力和空间。总体来看有以下几点提示：

第一，商标被侵害时提出驰名商标的保护比全类注册保护好。

很多企业在多年经营商标后具有较高的商誉和知名度，因此担心他人进行商标抢注，就选择商标的全类注册，但实际上企业自身的经营范围并没有那么广，全类注册反而容易被他人提出撤三年不使用的申请，导致商标注册的前期投入浪费。选择商标被侵害时在异议、无效宣告或商标侵权案件中由于跨类别并且确有必要保护时，可以提出驰名商标保护的需求。

第二，对商品或者服务的核心类别进行注册。

不具有较高知名度的商标为了获得强保护，企业一般也会尽可能扩大该商标的保护范围，而实际上远远超出自己的经营范围，只是徒劳增加了商标管理的成本。与其毫无针对性的注册，不如选择重点领域的注册，将与企业本身经营商品或服务相类似，或者具有联系的其他商品或服务类别重点注册，有所偏重。这样一方面可以保证企业在将来有足够的发展空间，另一方面能对自己的核心商品或者服务加强保护。

第三，完善商标管理，预防被他人提出三年不使用时提供有效的商标使用证据。

(1)注意保留有效证据

企业在日常经营中做好商标使用证据的留存与备份，进行分类整理，参照已有的《商标档案管理办法》建立企业商标档案管理制度，完善企业知识产权管理的工作系统，做好收集、整理、归档、保管、检索和提供利用等工作，助力企业加强商标注册、运用、管理和保护。

(2)地址变更防止被撤销

企业如果搬离原登记住所地，应尽快办理商标地址变更，以免在商标局注册的地址如果无法查收信件，以保证可以收到商标局和商评委发出的各种文书，及时维护自己的权利，避免商标被撤销。

(3)变更商标标样及时进行申请保护

商标法保护的只是在核定使用的商品或者服务上的注册商标,因此商标的正确使用至关重要,商标标样的改变或商品的改变都视为超出原商标注册证的使用范围,因此,企业如果变更商标标样一定要及时申请新的商标,以利于得到及时的商标保护。

专题七

驰名商标的保护

核心要点一

驰名商标保护中“容易导致混淆误导公众”要素的判定

案例 15

飞亚达(集团)股份有限公司诉商评委及第三人常熟飞亚达制衣有限公司第 28377 号“飞亚达”商标异议复审行政纠纷案

【案件索引】

一审案号:北京市第一中级人民法院(2009)一中行初字第 390 号行政判决书

二审案号:北京市高级人民法院(2009)高行终字第 939 号行政判决书

【基本案情】

2001 年 8 月 21 日,深圳市飞亚达(集团)股份有限公司(以下简称深圳飞亚达公司)对常熟飞亚达制衣有限公司(以下简称常熟飞亚达公司)注册的第 969204 号“飞亚达及图”商标(以下简称争议商标,见图 15 - 1)提出争议申请。争议商标于 1995 年 8 月 15 日在 25 类服装、羽绒服商品上向商标局申请注册,于 1997 年 3 月28

日被核准注册，其专用期限续展至2017年3月27日。

深圳飞亚达公司于2012年向商标评审委员会提出了撤销争议商标的申请，申请争议裁定的主要理由是：第一，其成立于1987年，其钟表生产销售规模在国内同行中一直居于领先地位，于1988年起在14类商品上申请注册了“飞亚达”“FIYTA”等商标，并在多个类别进行了防御性注册；第二，在25类服装、鞋等商品上申请注册过“飞亚达”商标，虽然因在先权利障碍未能获准注册，但并不影响其“飞亚达”商标在该类别商品上的在先权利；第三，争议商标与其第334032号引证商标“飞亚达”（见图15－2）、第669843号引证商标“飞亚达”（见图15－3）构成近似商标，双方商标指定使用的商品在销售群体、销售场所等方面一致，易引起混淆误认；第四，其原创的“飞亚达FIYTA”商标被认定为驰名商标，应当受到特殊保护，并主张商标评审委员会认定其在争议商标申请之前已经构成驰名商标；第五，“飞亚达”是其独创并长期使用的知名企业字号，其享有在先权利。据此，主张争议商标的注册违反了1993年《商标法》第8条第1款第8项、第9项，[①]第27条第1款[②]等规定，请求商标评审委员会撤销争议商标的注册。

图15－1　常熟飞亚达公司注册的“争议商标”

图15－2　第334032号引证商标

图15－3　第669843号引证商标

---

① 该条对应于2013年《商标法》第10条第7项、第8项，内容修改为“带有欺骗性，容易使公众对商品的质量等特点或者产地产生误认的”，以及“有害于社会主义道德风尚或者有其他不良影响的”。

② 该款对应于2013年《商标法》第44条第1款，内容修改为：“已经注册的商标，违反本法第十条、第十一条、第十二条规定的，或者是以欺骗手段或者其他不正当手段取得注册的，由商标局宣告该注册商标无效；其他单位或者个人可以请求商标评审委员会宣告该注册商标无效。”

常熟飞亚达公司答辩的主要理由:其成立于 1993 年,是专业生产羽绒制品等系列产品的知名服装企业;争议商标取自其企业字号“飞亚达”,并辅以这三个字的拼音首字母组合,具有特定的含义;争议商标代表的羽绒服产品得到消费者的认可享有较高的市场威望。争议商标与引证商标不在相同类别,不构成使用在相同或者类似商品上的近似商标,争议商标的注册未违反《商标法》相关规定。据此,请求商标评审委员会维持争议商标的注册。

商标评审委员会认为,深圳飞亚达公司依据的 2001 年修改前的《商标法》相关条款体现在 2001 年《商标法》第 10 条第 1 款第 7 项、第 8 项,第 13 条,第 31 条,第 41 条规定之中。根据深圳飞亚达公司提交的证据和争议商标的构成不能证明争议商标违反了第 10 条第 1 款第 7 项、第 8 项的规定;深圳飞亚达公司提交的证据多为反映其“飞亚达”商标在第 14 类钟表等商品上的使用、宣传、获奖等资料,被异议商标指定使用的服装等商品与其指定使用的钟表等商品在生产及销售渠道、使用方式、功能等方面存在较大差异,且两者经营范围属于不同行业领域,以相关公众的一般注意力足以区分,不易误导公众,因此,对深圳飞亚达公司在 1995 年 8 月 15 日之前是否构成驰名商标不予评述;深圳飞亚达公司关于争议商标违反 2001 年《商标法》第 31 条“不得以不正当手段抢先注册他人已经使用并有一定影响的商标”的规定,缺乏事实依据,其在第 25 类服装等商品上注册的“飞亚达”商标已经被驳回,丧失了在先权利;深圳飞亚达公司不能证明其企业字号在服装等商品上具有足够的知名度,使争议商标在服装等商品上的注册与使用容易导致相关公众混淆,不易对深圳飞亚达公司的利益造成损失。据此裁定,争议商标的注册未违反《商标法》相关规定,争议商标予以维持。

深圳飞亚达公司不服商标评审委员会作出的争议裁定,于法定期限内向北京市第一中级人民法院提起行政诉讼。在一审诉讼中的主要理由:仅对商评委在裁定中不予认定争议商标的注册违反 2001 年《商标法》第 13 条第 2 款的规定有异议,请求法院撤销该裁定,并重新作出裁定。

【判决与理由】

一审法院认为:商评委在裁定中关于法律适用问题是正确的。一审法院亦认同商评委关于深圳飞亚达公司提交的证据不能支持争议商标违反2001年《商标法》第10条第1款第7项、第8项的规定的理由;深圳飞亚达公司关于争议商标未违反2001年《商标法》第31条、第41条第1款的规定的认定。2001年《商标法》第13条第2款的规定:"就不相同或者不相类似商品申请注册的商标是复制、摹仿或者翻译他人已经在中国注册的驰名商标,误导公众,致使该驰名商标注册人的利益可能受到损害的,不予注册并禁止使用。"在上述裁定中,商评委未对争议商标申请注册前引证商标是否构成驰名商标做出认定的情况下,认定两商标涉及商品在各方面存在较大差异,且两公司分属不同行业,故争议商标不易误导公众,不易对深圳飞亚达公司的利益造成损害。上述认定缺乏依据,直接导致该裁定认定事实不清。据此,依法判决撤销商评委作出的裁定。

常熟飞亚达公司不服一审判决,向北京市高级人民法院提出上诉,主要理由是:第一,一审判决适用法律错误。争议商标于1995年注册,应适用1993年《商标法》,当时《商标法》并没有规定驰名商标及对其扩大保护问题,国家工商行政管理总局于1996年才颁布《驰名商标认定和管理暂行规定》,在此之后才有驰名商标的认定与保护,因此一审判决引用修改后的驰名商标的规定,来判决当时的行为,要求商评委认定引证商标在1995年之前是否驰名,属于适用法律错误。第二,一审认定事实不清。深圳飞亚达公司在行政程序中只提交了1999年12月其商标被认定驰名商标的证据,并未提交在1995年之前其商标已经驰名的证据,商评委不可能对此作出评定。第三,争议商标获得注册时间较长,经过不断使用,已经在相关公众中具有一定的知名度,商品质量获得社会认可,从社会经济秩序稳定及利益平衡的原则出发,也不能撤销争议商标。

二审法院认为:争议商标指定使用的羽绒服等商品与引证商标指定使用的钟表商品在生产及销售渠道、使用方式、功能等方面差异较大,非相同或类似商品,且争议商标经长期使用已经具有一定的知名度,不应过宽界定引证商标的保护范围而排斥争议商标在不相同经营领域的共存。因此,商评委作出维持争议商标的注册不会误导公众，未违反2001年《商标法》第13条第2款的规定的认定结论，具有事实和法律依据。同时，引证商标在争议商标申请注册之后逾四年方被商标局认定为驰名商标，深圳飞亚达公司请求将时间推前再认定驰名商标，缺乏法律依据，一审判决认为商评委应对引证商标在争议申请注册日前是否已构成驰名商标再予认定，法律理解有误。并且认同商标评审委员会在裁定中对其他问题作出的认定。

【相关法条】

1. 2013年《商标法》第十三条

为相关公众所熟知的商标，持有人认为其权利受到侵害时，可以依照本法规定请求驰名商标保护。

就相同或者类似商品申请注册的商标是复制、摹仿或者翻译他人未在中国注册的驰名商标，容易导致混淆的，不予注册并禁止使用。

就不相同或者不相类似商品申请注册的商标是复制、摹仿或者翻译他人已经在中国注册的驰名商标，误导公众，致使该驰名商标注册人的利益可能受到损害的，不予注册并禁止使用。

2. 2013年《商标法》第十四条

驰名商标应当根据当事人的请求，作为处理涉及商标案件需要认定的事实进行认定。认定驰名商标应当考虑下列因素：

（一）相关公众对该商标的知晓程度；

（二）该商标使用的持续时间；

（三）该商标的任何宣传工作的持续时间、程度和地理范围；

（四）该商标作为驰名商标受保护的记录；

（五）该商标驰名的其他因素。

在商标注册审查、工商行政管理部门查处商标违法案件过程中，当事人依照本法第十三条规定主张权利的，商标局根据审查、处理案件的需要，可以对商标驰名情况作出认定。

在商标争议处理过程中，当事人依照本法第十三条规定主张权利的，商标评审委员会根据处理案件的需要,可以对商标驰名情况作出认定。

在商标民事、行政案件审理过程中,当事人依照本法第十三条规定主张权利的,最高人民法院指定的人民法院根据审理案件的需要,可以对商标驰名情况作出认定。

生产、经营者不得将"驰名商标"字样用于商品、商品包装或者容器上,或者用于广告宣传、展览以及其他商业活动中。

3. 2013 年《商标法》第三十条

申请注册的商标,凡不符合本法有关规定或者同他人在同一种商品或者类似商品上已经注册的或者初步审定的商标相同或者近似的,由商标局驳回申请,不予公告。

4. 2013 年《商标法》第四十五条第一款

已经注册的商标,违反本法第十三条第二款和第三款、第十五条、第十六条第一款、第三十条、第三十一条、第三十二条规定的,自商标注册之日起五年内,在先权利人或者利害关系人可以请求商标评审委员会宣告该注册商标无效。对恶意注册的,驰名商标所有人不受五年的时间限制。

【代理人评析】

1. 驰名商标保护的立法概况

经过长时间使用,在市场上享有较高声誉并为公共所熟知的商标被称为驰名商标。驰名商标具有两个特点,一是商标的识别功能强于普通商标,二是驰名商标所指向的商品或者服务具有质量稳定优良的特点。对消费者而言,驰名商标便意味着质量可靠的商品和优良的企业信誉,对商标持有人意味着一笔巨大的商业价值。我国《商标法》建立之初并没有对驰名商标的保护作出特殊规定。1985 年加入《巴黎公约》后,我国商标主管部门为了积极履行公约中相关的国际义务,便按照公约的要求对驰名商标给予了保护,但在我国立法中还未曾体现。2001 年,我国修订后的《商标法》第一次将驰名商标的保护作为一种特殊情形纳入法律规定之中。在之后的司法实践中,产生了大量司法认定的驰名商标,一时间驰名商标的管理产生了混乱,很多并不具备相应资格的商标被认定为驰名商标。

2013 年《商标法》开始对驰名商标的认定标准和程序、使用方式等作出限制。修改后的《商标法》第 13 条再次完善了驰名商标的含义与认定方式,对翻译、摹仿或者复制未在我国注册的驰名商标,其保护范围限定在同一或者类似的商品或者服务上,而对在我国已经注册的驰名商标可以跨类保护,将保护范围延伸至不同也不相类似的商品或服务上。依据《商标法》第 14 条,我国认定驰名商标的机构有三个,分别是商标局、商标评审委员会以及最高人民法院指定的下级法院,并且确立了驰名商标个案认定的原则和被动保护原则。具体来讲,被动保护原则是指无论是行政机关还是人民法院认定驰名商标,都必须以当事人的申请为前提,当事人未曾主张认定驰名商标的,有关机构不得主动认定。个案认定原则强调个案认定的结果只对本案有效,此后再次发生商标纠纷时,曾经作为驰名商标受保护的记录只能是一种参考,有关机构应当视对本案的具体情形重新作出判断。《商标法》第 13 条的立法目的一方面是明确立了对驰名商标的特殊保护,强调市场经营者应当遵守诚实信用原则,不得抢注他人驰名商标。另一方面,也需要注重维护已经形成和稳定的良好市场秩序,对驰名商标的跨类保护需要一定的限制。

2. 对未注册驰名商标的保护

根据《商标法》第 13 条第 2 款规定,“就相同或者类似商品申请注册的商标是复制、摹仿或者翻译他人未在中国注册的驰名商标,容易导致混淆的,不予注册并禁止使用”。可以看出,对未注册驰名商标的保护需要满足三个要件:第一,相同或者类似商品;第二,复制、摹仿或者翻译他人未注册驰名商标;第三,容易导致混淆。实质上,有关未注册的驰名商标的保护强度与普通注册商标比较接近,也即禁止在相同或类似商品上注册与他人相同或者近似商标,这里主要是对驰名商标的未注册状态予以特殊规定。因此,在判断商品或服务种类是否相同或者类似的标准与一般情况下的判断标准并无差异。根据最高院颁布的《最高人民法院关于审理商标授权确权行政案件若干问题的规定》(以下简称《授权确权规定》)第十二条规定,人民法院应当综合考量如下因素以及因素之间的相互影响,认定是否容易导致混淆:(1)商标标志的近似程度;(2)商品的类似程度;(3)请求保护商标的显著性和知名程度;(4)相关公众的注意程度;(5)其他相关因素。需要注意的是,“容易导致混淆的”是一种混淆可能性的表述,而非对混淆结果的要求,商标申请人的主观意图以及实际混淆的证据可以作为判断混淆可能性的参考因素。《最高人民法院关于审理涉及驰名商标保护的民事纠纷案件应用法律若干问题的解释》(以下简称《驰名商标纠纷解释》)第9条将“容易导致混淆”分为了两种:一是对商品产生误认的效果,即足以使相关公众对驰名商标和诉争商标的商品或者服务来源产生误认;二是让相关公众错误理解商标所有者之间的关系,即足以让相关公众认为驰名商标与争议商标的经营者之间存在某种联系,比如许可使用联系、关联企业关系等。

3. 对已注册驰名商标的保护

《商标法》第13条第3款规定:“就不相同或者不相类似商品申请注册的商标是复制、摹仿或者翻译他人已经在中国注册的驰名商标,误导公众,致使该驰名商标注册人的利益可能受到损害的,不予注册并禁止使用。”从法条表述来看,对在我国已经注册的驰名商标,商标法赋予其所有人商品或服务跨类保护的权利,这一保护模式并不是源于“混淆原则”,而是移植国外的商标淡化理论的结果。但是,这并不意味着任何商品或服务的种类都可以涵盖。具体来讲,我国对已注册驰名商标的跨类保护需要满足一个重要的条件,即产生误导公众,并可能导致驰名商标所有人的权益遭到损害。《驰名商标纠纷解释》将这一条件解释为“足以使相关公众认为被诉商标与驰名商标具有相当程度的联系,而减弱驰名商标的显著性、贬损驰名商标的市场声誉,或者不正当利用驰名商标的市场声誉”。如果并未发生上述效果,或者没有产生上述结果的可能性,则可以允许他人对该商标在不同商品或服务类别上的注册。

《最高人民法院关于审理商标授权确权行政案件若干问题的意见》(以下简称《授权确权意见》)第11条中规定,对于已经在中国注册的驰名商标,在不相类似商品上确定其保护范围时,要注意与其驰名程度相适应。在我国驰名商标的认定标准中,并没有要求该商标的知名度必须覆盖整个国内市场,只要其知名度在相关公众里达到一定范围和程度便可以认定为驰名商标。因此,有些商标只有在特定的地域范围和特定的消费群体中可以达到相应驰名程度，不能给予其绝对性的保护，排除任何在不相类似的商品或服务上的跨类注册行为，而应当与其驰名程度相匹配。例如，将“康师傅”注册使用在饮料、食品上，已经具备了驰名商标的要素，但如果有人将“康师傅”注册使用在化工原料上，可能就不一定会产生误导公众，损害驰名商标有关权利的结果，因此，驰名商标权利人无法阻止他人的跨类注册行为。对于社会公众广为知晓的已经在中国注册的驰名商标，在不相类似商品上确定其保护范围时，要给予与其驰名程度相适应的较宽范围的保护。可以看出，我国商标法对驰名商标的跨类保护的态度还是比较谨慎的。

实践中，如何确定已注册的驰名商标跨类商品的保护范围是难点问题，其判断不仅依据法律和司法解释的相关规定，又高度依赖个案事实所反映的具体情况。为了明确上述条件的适用，《授权确权规定》第 13 条吸收了《驰名商标纠纷解释》中的内容，再次细化法院在认定时应当综合考虑的因素，主要包括以下五点内容：(1)引证商标的显著性和知名程度；(2)商标标志是否足够近似；(3)指定使用的商品情况；(4)相关公众的重合程度及注意程度；(5)与引证商标近似的标志被其他市场主体合法使用的情况或者其他相关因素。

就本案而言，深证飞亚达公司将“飞亚达”商标申请注册在了“石英手表、钟表配件、钟表”等商品上，而被申请人常熟飞亚达公司注册使用“飞亚达”商标的范围限于“服装、羽绒服”商品上，两者的使用范围属于典型的不相类似商品。二审法院判决中认为，引证商标“飞亚达”只是在钟表行业中具有一定驰名度，争议商标与引证商标指定使用的钟表商品在生产及销售渠道、使用方式、功能等方面差异较大，非相同或类似商品，以消费者一般的注意力不会导致误认或者损害引证商标的权利，故而不应过宽界定引证商标的保护范围。判决遵守了《授权确权意见》中有关保护范围与驰名程度相适应的原则，对于一般的、驰名程度不是很高，或者属于特定行业、相关公众群体有限的驰名商标，其保护范围则窄些，通常限于其知名度覆盖之内的商品。

4. 对驰名商标的保护应当注意维护稳定的市场秩序

本案的一个特殊点在于，诉争商标“飞亚达”于 1995 年在“服装、羽绒服”商品上获得核准注册,而申请人深圳飞亚达公司 2008 年才提出对第 969204 号“飞亚达”商标的异议,希望撤销该商标。实际上,常熟飞亚达已经在服装商品上使用“飞亚达”商标已将长达 13 年,那么作为驰名商标“飞亚达”的所有者,深圳飞亚达公司还能否申请撤销该第 969204 号商标吗?在上文中,我们主要对驰名商标保护范围做出了分析,得出了否定性答案。如果排除跨类保护与驰名度相适应的原则,还能否得出相同的答案呢?

从申请时间要求上来看,一般情况下,商标权利人请求宣告争议商标的无效需在该商标核准注册后的五年内进行,但是我国《商标法》第 45 条第 1 款赋予了驰名商标权人更长的无效宣告期限,对恶意抢注驰名商标的,商标所有人不受五年的时间限制。在这一条款中,只有同时满足“恶意”和“在争议商标注册前已经形成的驰名商标”两个要件才能不受五年的时间限制。首先,何为具有“恶意”呢?最高人民法院在《授权确权规定》第 25 条中指出,判断是否构成“恶意”应当综合考虑引证商标的知名度、诉争商标申请人申请诉争商标的理由以及使用诉争商标的具体情形。当引证商标知名度较高,诉争商标申请人又没有给出注册该商标正当理由的,人民法院可以推定商标注册人具有恶意。其次,该条款是为了赋予驰名商标的特殊保护,因此要求驰名商标必须形成于争议商标注册之前,否则将无法区别普通商标与驰名商标的保护强度。《北京市高级人民法院关于商标授权确权行政案件的审理指南》中指出第 13 条第 2 款或者第 3 款的规定申请对诉争商标不予核准注册或者宣告其无效的,应当以引证商标在诉争商标申请日前达到驰名状态为要件。当事人提供的引证商标在诉争商标申请日后被认定为驰名商标等证据能够证明引证商标在诉争商标申请日前已处于驰名状态的,应予采信。本案中,深证飞亚达公司持有的“飞亚达”商标被认定为驰名商标是在 1999 年,而常熟飞亚达于 1995 年在服装商品上进行商标注册,此时深圳飞亚达的商标并不是驰名商标,申请人也未提交足以证明其在 1995 年时“飞亚达”商标已构成驰名商标的证据,因此不能满足第二个条件。并且,商标法只是禁止他人在同一或者类似商品或服务上注册与他人相同或者近似的商标,故而常熟飞亚达 1995 年在不同商品上注册“飞亚达”商标是具有正当性的。综上所述,深圳飞亚达公司的驰名商标并不能成为常熟飞亚达公司续展第969204号商标的障碍。

从立法本意上来看，商标注册制度是不仅仅是为了赋予商标所有者稳定的权利，减少消费者的搜寻成本，也是为了维护市场已经形成的稳定秩序。《授权确权意见》第1条也对次进行了说明，对于使用时间较长、已建立较高市场声誉和形成相关公众群体的诉争商标，应当准确把握商标法有关保护在先商业标志权益与维护市场秩序相协调的立法精神，充分尊重相关公众已在客观上将相关商业标志区别开来的市场实际，注重维护已经形成和稳定的市场秩序。如果争议商标在使用过程中完全可以和在先商标区别开来，也即形成了属于自己的市场知名度，则法院在审理过程中应当考虑案件审理时的事实状态，没有必要将该注册商标回到初始状态，撤销该商标会导致社会资源的浪费，对该企业的发展也是极其不利的。慎重撤销注册使用时间较长的商标的政策导向，也可促使在先权利人及其他利害关系人及早行使异议、诉讼等权利，尽早形成稳定的商标秩序，促进品牌培养。本案中，常熟飞亚达公司从1995年获得“飞亚达”商标注册核准后，在服装领域投入了大量的人力、物力，经过长时间的宣传使用，已经在相关公众中形成了一定的知名度，而深圳飞亚达公司在此期间并没有提出过任何申请反对该商标注册的异议，怠于行使相关权利。法院在审理过程中更加倾向于保护常熟飞亚达公司在商标使用中已经形成的稳定市场关系，所以对第969204号商标的维持予以肯定。

核心要点二
驰名商标的反淡化保护

案例 16

安溪县墩坂广华水暖器材厂诉商评委及第三人福建七匹狼实业实业股份有限公司第 1618097 号“七匹狼 QIPILANG”商标争议行政纠纷案

【案件索引】

一审案号:北京市第一中级人民法院(2011)一中行初字第 2583 号行政判决书

二审案号:北京市高级人民法院(2012)高行终字第 1318 号行政判决书

再审案号:最高人民法院(2013)知行字第 59 号行政裁定书

【基本案情】

本案争议商标为“七匹狼 QIPILANG”,注册号 1618097,注册人是安溪县墩坂广华水暖器材厂(以下简称广华器材厂),申请日期为 2000 年 6 月 13 日,核准注册日期为 2001 年 8 月 14 日,指定使用于第 11 类水暖装置用管子零件(包括气门、水门、水嘴、三通、四通、接头、管子箍、补心)、水管龙头、防喷溅水管嘴、自来水设备的调节和安全附件、卫生设备用水管、暖气片商品上(见图16－1)。

本案引证商标为“七匹狼SEPTWOLVES及图”,注册号933429,注册人为福建七匹狼实业股份有限公司(以下简称七匹狼公司),申请日期为1995年5月22日,核准日期为1997年1月21日,指定使用于第25类服装、领带、鞋、帽、袜、手套商品上(见图16－2)。

七匹狼公司于2008年7月11日对广华器材厂注册的争议商标提出撤销注册申请。主要理由是:七匹狼公司在25类服装商品上获准注册的引证商标在争议商标申请注册之前已经达到驰名的程度,于2002年曾被商标局认定为驰名商标,至今一直处于驰名状态,理应享受更大范围的法律保护;争议商标与引证商标显著认读文字相同,已经构成对七匹狼公司驰名商标在非类似商品上的刻意模仿,存在主观恶意;鉴于引证商标具有较高的知名度和荣誉度,争议商标的存在势必会导致消费者混淆误认,并将淡化驰名商标的显著性,严重威胁到七匹狼公司的合法权利。据此,主张争议商标的注册违反了2001年《商标法》第13条第2款的规定,请求商标评审委员会撤销争议商标的注册,并再次认定引证商标为驰名商标。

图16－1　广华器材厂申请注册的“争议商标”

图16－2　七匹狼公司申请注册的“引证商标”

广华器材厂答辩的主要理由有:第一,争议商标是广华器材厂通过合法程序取得的,拥有注册商标专用权;第二,争议商标与七匹狼公司的商标具有本质的区别;第三,七匹狼公司是恶意利用争议程序扰乱广华器材厂的正常经营;第四,争议商标经过使用已经具有一定知名度,理应予以维持。

商标评审委员会认为,根据七匹狼公司提供的证据,截至争议商标申请注册时,经过多年的使用和广泛的宣传,第933429号引证商标已为相关公众所熟知,符合2001年《商标法》第14条的规定,[①]可以认定为驰名商标。广华器材厂与七匹狼公司同处福建省,对引证商标的知名度情况理应知晓,且争议商标与引证商标在文字构成及呼叫上完全相同,其复制、摹仿引证商标的主观恶意明显,争议商标与引证商标指定使用的商品都属于普通消费品,在引证商标驰名的情况下争议商标在其指定商品上的使用易发生混淆误认。据此,裁定争议商标构成2001年《商标法》第13条第2款所指情形,予以撤销。

广华器材厂不服商标评审委员会作出的争议裁定,于法定期限内向北京市第一中级人民法院提起行政诉讼。其在一审诉讼中的主要理由:其一,七匹狼公司在商标评审程序中提交的证据不能证明引证商标在争议商标申请注册之前已经达到驰名程度。引证商标被商标局认定驰名商标的时间是2002年,晚于争议商标的注册申请日;其二,争议商标与引证商标核定使用的商品类别差异巨大,在消费群体、销售渠道、产品的功能用途等方面存在明显差异,无论引证商标是否驰名,均不会造成相关公众的混淆与误认,原告也不存在模仿的主观恶意;其三,争议商标经过广泛大量使用,已有自身消费群,并且在相同的市场上也出现仿冒者,争议商标被撤销会给原告的正常经营造成重大困难,争议商标不应被撤销。据此,请求法院撤销该裁定,并判令被告重新作出裁定。

【判决与理由】

一审法院认为:七匹狼公司在商标评审程序中提交的证据可以证明引证商标在争议商标申请注册之前已经达到驰名程度;虽然商标局认定引证商标为驰名商标的时间为2002年,晚于争议商标的申请日期,但由于商标使用具有持续性和积累性的特点,因此,该认定作出的时间晚于争议商标的申请日期并不妨碍其可以作为证据链的一部分,结合使用其他证据来证明引证商标在争议商标申请日期前的知名度。争议商标显著识别部分汉字“七匹狼”与引证商标的显著识别部分汉字“七匹狼”完全相同,且“七匹狼”作为商标具有较强的显著性,争议商标属于对引

---

① 该条对应于2013年《商标法》第14条,其中关于驰名商标认定参考因素的规定内容没有变化。

证商标的摹仿。二者指定使用的商品虽然不属于相同或类似商品,但均属于服务日常生活的普通消费品,在引证商标驰名的情况下,易使相关消费者误认为相关商品的提供者同一或者存在某种关联,导致驰名商标注册人利益受损。据此,认定争议商标构成2001年《商标法》第13条第2款所指情形,应予以撤销。

广华器材厂不服一审判决,向北京市高级人民法院提出上诉,主要理由是:一审法院应当采纳其在诉讼程序中提交的证明争议商标大量使用、获得的荣誉、争议商标在同行业中被仿冒等证明材料;争议商标注册前,引证商标未构成驰名商标;两商标指定使用的商品不在相同类别,存在较大差异,不会损害驰名商标注册人的利益;争议商标经长期使用具有很高知名度,已经达到驰名,与引证商标共存多年,形成了稳定的市场秩序,从未发生过混淆误认情形;争议商标已经建立了较高的市场声誉,随意撤销将给其造成重大困难。

二审法院认为:对于驰名度较高、显著性较强的驰名商标,应当给予其更宽的保护。本案中七匹狼公司提供的财务报表等证据能证明引证商标在争议商标申请注册之前的销售情况在同行业中名列前茅,并覆盖我国大部分地区,并进行了广泛的宣传,结合其他证据能够证明已经为我国相关公众广泛知晓,构成驰名商标;商标显著识别部分文字与引证商标相同,构成摹仿;一审法院未采纳广华器材厂在诉讼阶段提交的新证据虽有不妥,但其提交的证据不足以证明争议商标具有较高知名度;二者使用商品均系日常生活普通消费品,且引证商标驰名度较强,易造成混淆误认和损害驰名商标注册人利益的可能。据此,判决驳回上诉,维持原判。

广华器材厂不服二审判决,向最高人民法院申请再审。其申请再审的理由是:七匹狼公司的引证商标在争议商标注册申请日之前并未构成驰名商标;争议商标核定使用的水暖建材商品与引证商标核定使用的服装商品没有关联,不会误导公众。争议商标已使用长达十几年,经过使用具有较高知名度,形成了稳定的相关公众群体,不会误导公众或损害七匹狼公司的利益。据以上理由,主张商评委作出的裁定和原审法院作出的判决认定事实错误、适用法律不当,程序存在明显错误,申请再审。

七匹狼公司再审主要答辩理由:商评委及原审法院认定引证商标在争议商标

申请日为驰名商标是正确的。“七匹狼”是七匹狼公司独创的品牌，具有很强的显著性。广华器材厂与七匹狼公司同处于泉州市辖区内，明知七匹狼公司的知名度，仍然申请与引证商标近似的商标，明显具有恶意。广华器材厂提交的证据并不足以证明争议商标建立了较高的市场声誉，形成了稳定的市场秩序。据此，请求驳回其再审申请。

再审法院认为：七匹狼公司在本案中的引证商标与其1990年在服装上获准注册的“七匹狼”商标核心识别部分相同，且由同一主体延续使用，该公司的“七匹狼”商标商誉具有累积性和延续性，引证商标曾于2002年2月被商标局认定为驰名商标这一事实可以作为证明引证商标知名度的证据，认定在争议商标申请日前引证商标已经成为驰名商标并无不当。争议商标构成对引证商标的复制、摹仿。争议商标核定使用的水龙头等商品与引证商标核定使用的服装等商品都是日常生活用品，相关公众有一定的重叠性或关联性，争议商标与引证商标共存，可能发生误导相关公众，致使驰名商标权利人的利益受到损害的结果。广华器材厂申请再审的理由均不能成立。据此，驳回广华器材厂的再审申请。

【相关法条】

1. 2013年《商标法》第十三条第二款、第三款

就相同或者类似商品申请注册的商标是复制、摹仿或者翻译他人未在中国注册的驰名商标，容易导致混淆的，不予注册并禁止使用。

就不相同或者不相类似商品申请注册的商标是复制、摹仿或者翻译他人已经在中国注册的驰名商标，误导公众，致使该驰名商标注册人的利益可能受到损害的，不予注册并禁止使用。

2. 2013年《商标法》第十四条

驰名商标应当根据当事人的请求，作为处理涉及商标案件需要认定的事实进行认定。认定驰名商标应当考虑下列因素：

（一）相关公众对该商标的知晓程度；

（二）该商标使用的持续时间；

（三）该商标的任何宣传工作的持续时间、程度和地理范围；

（四）该商标作为驰名商标受保护的记录；

（五）该商标驰名的其他因素。

【代理人评析】

本案争议的焦点问题是引证商标在争议商标注册前是否已经成为驰名商标；争议商标是否构成对引证商标复制、摹仿；争议商标指定使用的水龙头、卫生设备用水管等商品与引证商标指定使用的服装、鞋、帽等商品上共存，是否误导公众，导致损害七匹狼公司利益。

1. 驰名商标的认定

驰名商标是指在中国为相关公众广为知晓并享有较高声誉的商标。

（1）相关公众的界定

相关公众包括与使用商标标志的某类商品或服务有关的消费者，生产前述商品或者提供服务的其他经营者以及经销渠道中所涉及的销售者和相关人员等。相关公众的界定是指与产品的相关性，指定商品或服务从生产、销售以及以上渠道中相关的人员均可以认定为相关公众，驰名商标对相关公众的要求比较宽泛。界定相关公众还需要考虑地域性，相关公众是指在中国的相关公众，不包含国外相关公众，所以在提交相关公众知名度的证据时，需要提交的证据为中国境内形成的证据。据了解通常商标局与商评委在案件中评判引证商标是否构成驰名商标时的标准为销售或服务区域至少覆盖全国十个省份以上，覆盖的省份越多，则评判驰名商标的分数则越高。

（2）驰名证据资料的收集

①收集资料的时间

证明引证商标为驰名商标主要提交的商标知名度的证据为争议商标申请前三年的使用证据以及引证商标持续使用的证据。

②主要证据资料以及收集资料需要注意问题

1）申请人需要提供提供引证商标的最早使用证明，提供使用证明时应注意提供商标的设计理念,商标的实际使用情况。最早使用证明一般需要提供商标使用合同、发票,合同中需要可以体现商标的使用时间。提供商标的广告合同同样可以证明商标的最早使用情况。引证商标如为未注册商标的,要求使用持续时间在争议商标或者被异议商标申请日之前应当已经满5年;引证商标如为已注册商标的,则要求商标的注册时间在争议商标或者被异议商标申请日之前已经满3年,使用持续的时间已经满5年。

2)申请人提供近3年的主要经济指标的证据以及持续使用引证商标的证据。提供由会计师事务所出具的争议商标申请日之前3年的财务报表的审计报告;提供当地县一级统计局出具的争议商标申请日之前3年的统计证明;当地国税局、地税局出具的纳税证明;具有公信力的权威机构、行业协会公布或者出具的涉及引证商标所使用的商品或服务的销售额、产值、市场占有率等排名情况。其中行业排名的要求需要是民政部备案的行业协会,并且证明应标明年份、名次、所属行业名称、有具体的排名,名列前茅等表述在评分时将被视为未提供行业排名,此项证据将不予采信。

3)申请人服务或产品的销售区域范围、销售网点分布及销售渠道的证明资料。主要提交争议商标申请日之前3年引证商标的销售合同、销售发票。如果有一些证据可以证明销售的知名度的,可以特别提供证据证明,如有一些客户为奥运会的指定产品或服务等。销售合同或销售发票必须是一一对应的关系,能形成完整的证据链。销售合同或者销售发票需要提供至少10个省、自治区、直辖市的证据并证明在这些省份具有一定的影响力。

4)涉及引证商标的广告宣传证据包括但不限于广播、电影、电视、报纸、期刊、网络、户外广告、媒体评论以及其他宣传活动材料。申请人为宣传引证商标而参加的展销会、展览会、博览会等证据也可以作为广告证据。申请人提供的广告证据应当提交广告费的专项审核报告以及报告所依据的广告合同、广告发票。

5)引证商标使用商品或服务所获得的荣誉证据,主要提供的奖项应当是省部级以上的奖励,提供获奖的证书。

6)引证商标曾被商标行政主管机关或者司法机关曾认定为驰名商标并给予保

护的相关文件,以及引证商标被侵权或者假冒的情况。主要提供的证据为法院的判决书、行政处罚决定书等证据。

7)引证商标在中国、国外及有关地区的注册证明,申请人对引证商标的商标管理制度。

8)其他可以证明引证商标知名度的证据。

本案中,七匹狼公司在商标评审阶段提供了大量的证据证明引证商标在争议商标申请日之前在指定商品上具有较高的知名度,已经成为驰名商标。主要证据包括引证商标从1995年开始使用至今的证据;中国商业联合会出具的行业证明;会计师事务所出具的关于七匹狼公司1998年至2000年的资产总额、产品销售额、利润总额、净利润额等主要经济指标的审计报告;七匹狼公司的销售范围十分广泛,覆盖了全国20个省市自治区的证据;七匹狼公司1998年至2000年的广告宣传的审计报告;引证商标多次被认定为福建省著名商标的荣誉证书;引证商标于2002年被认定为驰名商标的批文;引证商标受侵权保护的记录包括曾于2002年对广华器材厂提起不正当竞争诉讼,法院要求广华器材厂停止使用争议商标的判决书。七匹狼公司提供的证据足以证明引证商标在相关公众中享有较高的声誉,成为事实上的驰名商标,本案中商评委、北京市一中院、北京高院、最高院均对七匹狼公司的引证商标构成驰名商标的事实给予确认。

2. 争议商标构成对引证商标翻译、复制、摹仿

翻译、复制、摹仿是从TRIPs中直接引用的表达方式,翻译、复制、摹仿与商标近似的区别在于,商标是否构成近似需要结合指定的商品进行判断,而翻译、复制、摹仿主要是商标标样,并且商标知名度的高低也是判断商标是否近似的重要标准。

本案中争议商标标样为“七匹狼 QIPILANG”,引证商标的标样为“七匹狼 SEPTWOLVESE 及图”,争议商标的标样中的中文七匹狼与引证商标的七匹狼完全相同,并且中文七匹狼是争议商标的显著识别部分,在中国,相关公众在呼叫引证商标与争议商标时,呼叫完全相同,在七匹狼公司的引证商标知名度极高的情况下,争议商标构成了对引证商标的翻译、复制、摹仿。

3. 驰名商标的保护范围

驰名商标的保护范围，在中国未注册的驰名商标，在相同或类似商品上容易导致混淆的，不予注册并禁止使用；在中国已经注册的驰名商标，在不相同或不相类似的商品上申请注册的商标，误导公众，致使该驰名商标注册人的利益可能受到损害的，不予注册并禁止使用。可见，未注册驰名商标的保护范围在相同或类似商品上，应与指定使用的商品是否容易导致混淆误认结合进行判定。从文义上理解，在中国已经注册的驰名商标的保护范围在不相同与不相类似的商品上，结合是否误导公众进行判定。在中国已经注册的驰名商标是否可以在相同或类似商品进行保护，实践中做法不一，有些案件中审理机关认为已注册的驰名商标既然能在不相同或不相类似的商品上获得保护自然可以在相同或者类似商品上获得保护。有些案件中审理机关则认为在中国已经注册的驰名商标由于已经在中国获得注册，已经取得了商标专用权，在相同或类似商品上完全可以主张与引证商标构成相同或近似进行商标保护，而不需要再引用驰名商标的保护条款进行保护。

本案中，争议焦点为争议商标指定使用的水龙头、卫生设备用水管等商品与引证商标指定使用的服装、鞋、帽等商品是否会误导公众，导致损害七匹狼公司的利益。争议商标指定使用的商品与引证商标指定使用的商标属于不相同或不相类似的商品，但是均属于服务日常生活的普通消费品。中国改革开放四十年来，生活方式发生了极大的变化，水龙头等商品已经成为大部分家庭装修时采购的必需品。水龙头等商品在建材城出售之外也在超市或商场出售。争议商标与引证商标的相关公众均已经是普通消费者，在相关公众重叠的情况下，容易误导公众。七匹狼公司的所在地福建泉州市是全国服装主要品牌的诞生地之一，这里云集了众多的国内知名服装品牌，同时，福建泉州市也是全国国内知名的水暖器材品牌的诞生地。由于广华器材厂与七匹狼公司的经营地都在福建泉州，容易使相关公众对来源于相同地区的不同产品产生一定的联想，基于七匹狼公司不断地投入大量的广告，对引证商标进行培养，呼叫上完全无差异的争议商标自然可以借引证商标的东风，更好地进行销售与推广，从而损害了七匹狼公司的利益。足以使相关公众对争议商标的经营者与引证商标的经营者产生相当程度的联系的误导，从而减弱引证商标的显著性。从广华器材厂在各个程序中提交的证据可以看出，其几乎没有投入任何广告，不正当地利用了引证商标的市场声誉。

4. 恶意注册的认定

2001 年《商标法》第 41 条（2013 年《商标法》第 45 条）对于提出争议的时间作出了规定，其中规定了对于恶意注册的，驰名商标所有人不受 5 年的时间限制。可见驰名商标所有权人需要行使权利也应当在规定的 5 年之内，如果在超过 5 年的时间，需要提出争议申请，还需要证明商标注册申请人存在恶意。

恶意的判定主要考虑以下几种因素：（1）是否共处于相同的区域；（2）是否曾经有贸易往来或合作关系；（3）是否曾经发生过其他纠纷；（4）是否曾有员工或股东、投资方的重合、往来；（5）是否曾经维权；（6）其他证明恶意的情形。

本案中，广华器材厂再审申请中主要的理由之一是七匹狼公司怠于行使自身的合法权利，导致广华器材厂自 2002 年开始使用至 2013 年，投入了一定的人力、物力、财力，不应当支持七匹狼公司的诉讼请求。事实上，七匹狼公司在规定的五年内提起过争议申请，七匹狼公司于 2001 年曾以侵犯商号权以及不正当竞争等理由向福建省泉州市中级人民法院提起诉讼，该案生效判决认定广华器材厂使用争议商标构成不正当竞争判决广华器材厂停止使用争议商标。本案中，广华器材厂于收到判决书之后仍然使用争议商标，明显是存在恶意，借助引证商标为驰名商标的声誉谋取不正当利益，应当予以撤销。

核心要点三
将他人的驰名商标申请为商号的侵权认定

案例 17

厦门市正新橡胶工业有限公司诉天津市津南区正新橡胶厂第 335599 号“正新”商标侵权及不正当竞争纠纷案

【案件索引】

一审案号:天津市第二中级人民法院(2008)二中民三初字第 41 号民事判决书

二审案号:天津市高级人民法院(2008)津高民三终字第 17 号民事判决书

【基本案情】

厦门正新橡胶工业有限公司(以下简称厦门正新公司)以不正当竞争为由向天津市第二中级人民法院起诉被告天津市津南区正新橡胶厂(以下简称津南正新厂)。主要诉讼理由是:原告是 1989 年成立的台商独资企业,经营范围为生产制造轮胎内胎、车轮外胎等橡胶制品。原告的产品标识为“正新”字样的注册商标,证号为第335599号“正新牌”商标于1989年1月10日在中国注册,1997年原告受让取得该商标,至今仍有效。原告于1992年投产后一直使用该商标,1996年其“正新”机动车轮胎和自行车胎被评为“福建省名牌产品”,“正新”于1998年被评为“福建省著名商标”。其产品质量和管理早已达到国际先进水平。原告的“正新”“CST图形”商标在2004年被国家工商行政管理总局认定为“驰名商标”。2001年中国橡胶工业协会轮胎分会证明原告的车胎总产值、销售收入、利润等均在行业协会中排名第一,并获得“2004年度中国橡胶制品行业综合效益第一位”等多项荣誉。“正新轮胎”“正新橡胶”就有极大的市场知名度和号召力,带有“正新”字样的轮胎更是国内相关公众所熟悉的知名产品。

据此,原告认为被告在2001年登记企业名称为“天津市津南区正新橡胶厂”并与原告生产相同的产品,足以使相关公众对产品的来源产生混淆,属于恶意傍名牌的行为,构成不正当竞争,故请求法院判令被告立即变更企业名称、赔偿损失并赔礼道歉。

被告津南正新厂答辩的主要理由:被告依法于2001年3月20日注册成立,企业名称是经工商管理部门依法核准的,且合法经营一直沿用至今。根据《企业名称登记管理规定》及《企业名称登记管理规定实施办法》的相关要求,并无不妥。原告称其“各项经济指标在国内同行中名列前茅”只是想证明其在实力上的行业地位,与本案并无关联。“正新”商标虽为驰名商标,但其认定时间为2004年,晚于被告2001年的注册时间,原告无权要求扩大保护,故请求驳回原告的诉讼请求。

【判决与理由】

一审法院认为:原告自1991年年底开始使用“正新”作为企业字号,生产加工自行车、摩托车内外胎在内的轮胎产品,1994年后多次荣获“全国外商投资双优企业”奖项。1997年原告受让取得“正新牌”文字商标的专用权以来,其生产销售的正新牌轮胎产品产量、销售收入、利润等经济指标在行业排名中始终名列前茅。1998年至今“正新CST(图形)”商标被认定为驰名商标,2007年“正新牌”相关产品被授予“中国名牌产品”等。以上事实表明原告企业规模、发展、优异的产品质量、商标的知名度等对提高正新公司的知名度、美誉度具有明显推动作用。自2001年前至今其“正新”字号已成为具有一定市场知名度的企业名称,依法应提供法律保护。

被告2001年以“正新”为字号生产销售与原告相同的产品,并在产品上标注其厂名,足以使相关公众对该商品的来源产生误认,其行为违反1993年《反不正当竞争法》第5条第3项“擅自使用他人企业名称或者姓名,引人误认为是他人商品”的规定,构成不正当竞争。据此判决,被告停止使用“正新”字样并赔偿损失。

津南正新厂不服一审判决,向天津市高级人民法院提出上诉,主要理由是:2004年被上诉人获得驰名商标称号,晚于上诉人登记时间3年,不应享有扩大保护;原审认定上诉人使用“正新”为字号登记注册并生产经营,具有明显的“搭便车”故意,与事实不符;原审适用法律不当,上诉人生产的产品使用的是合法注册的自有企业名称,并没有使用他人的企业名称,并未违法。请求撤销一审判决。

二审法院认为:本案被上诉人是以上诉人违反《反不正当竞争法》第5条第3项的规定为由提起诉讼,故被上诉人的商标知名度和产品美誉度,均不应作为判定上诉人是否构成该种不正当竞争的主要依据。本案被上诉人在先使用“正新”字样为企业字号,上诉人在后使用“正新”字样的企业字号,均已在当地工商行政机关注册登记。故本案应根据《最高人民法院关于审理注册商标、企业名称与在先权利冲突的民事纠纷案件若干问题的规定》第2条,以是否足以使相关公众对其商品来源产生混淆为判定条件,审查津南正新厂是否构成不正当竞争行为。经查,双方当事人各自使用的企业名称字号相同,但所冠用地名和后缀不同。当事人在产品上均使用企业全称,上诉人没有在自己的产品上突出使用“正新”字样的行为。对比双方产品实际标示情况,相关公众一般注意即可识别商品的来源,而被上诉人也不能提供上诉人使用该企业名称足以使相关公众对商品的来源产生混淆的证据。判决撤销原判对津南正新厂构成不正当竞争行为的认定。

【相关法条】

1.《最高人民法院关于审理注册商标、企业名称与在先权利冲突的民事纠纷案件若干问题的规定》第二条

原告以他人企业名称与其在先的企业名称相同或者近似,足以使相关公众对其商品的来源产生混淆,违反反不正当竞争法第五条第(三)项的规定为由提起诉讼,符合民事诉讼法第一百零八条规定的,人民法院应当受理。

2. 2017 年《反不正当竞争法》第六条

经营者不得实施下列混淆行为,引人误认为是他人商品或者与他人存在特定联系:

……

(二)擅自使用他人有一定影响的企业名称(包括简称、字号等)、社会组织名称(包括简称等)、姓名(包括笔名、艺名、译名等);

……

3. 2013 年《商标法》第五十七条

有下列行为之一的,均属侵犯注册商标专用权:

……

(五)给他人的注册商标专用权造成其他损害的。

4.《最高人民法院关于审理商标民事纠纷案件适用法律若干问题的解释》第一条

下列行为属于商标法第五十二条第(五)项规定的给他人注册商标专用权造成其他损害的行为:

(一)将与他人注册商标相同或者相近似的文字作为企业的字号在相同或者类似商品上突出使用,容易使相关公众产生误认的;

……

【代理人评析】

1. 商号与商标冲突的解决机制

司法实践中,时常会出现企业商号权与商标权冲突的情形,本案中原告厦门正新公司将"正新"二字不仅作为商号使用,也将其作为了商标注册,故而享有两种权利。在我国,商标注册和企业名称的登记分别由不同行政机关主管,而且我国《企业名称登记管理规定》中并未对企业名称的登记设立异议程序,故而时常会发生企业字号与他人注册商标相同的情况。由案件事实可知,厦门正新公司作为一家生产橡胶、轮胎的企业在我国享有较高的知名度,并且"正新"商标于2004年被认定为驰名商标。因此,在不考虑具体案件情形下,被告津南正新厂在相同或者类似商品上在后使用"正新"二字,有可能同时侵犯他人商标权和对他人商号构成不正当竞争。在不同的案例中需要具体分析被告使用商号的行为,来判断究竟构成何种行为。

2. 使用商号的行为构成商标侵权的判断

我国现行《商标法》第57条对商标侵权行作出了详细规定,但本条款并未完全列举商标侵权的情形,第7项规定"给他人的注册商标专用权造成其他损害的",也构成侵害商标权的行为。2002年10月12日最高人民法院公布的《关于审理商标民事纠纷案件适用法律若干问题解释》第1条对上述其他情形做出了说明,共包括三种具体情形:(1)将与他人注册商标相同或者相近似的文字作为企业的字号在相同或者类似商品上突出使用,容易使相关公众产生误认的;(2)复制、摹仿、翻译他人注册的驰名商标或其主要部分在不相同或者不相类似商品上作为商标使用,误导公众,致使该驰名商标注册人的利益可能受到损害的;(3)将与他人注册商标相同或者相近似的文字注册为域名,并且通过该域名进行相关商品交易的电子商务,容易使相关公众产生误认的。

商标与商号同时具备识别商品或服务来源的功能,经营者有权在其提供的商品或服务中标示自己的商号或者商标,因此两者在使用时很容易发生冲突。使用商号构成对他人商标侵权需要满足以下几个要件:(1)他人在先享有注册商标,如果商号注册登记在先,则他人申请注册商标,则可能构成侵犯他人在先权利,违反商标注册规则;(2)使用的商号与他人注册商标相同或者近似;(3)将该商号突出使用在与他人商标核准使用的相同或类似商品或服务上;(4)容易使相关公众产生误认。综合来看,判断使用商号是否侵犯他人注册商标权的基本模式为"突出使用+混淆原则",也即经营者在经营活动中,不恰当地使用自己的商号,模糊商号与商标之间的区别,以相关公众一般注意力可能导致产生误认的结果。例如,在"李惠廷诉大连王将饺子"案中,最高人民法院认为:"大连王将公司没有规范使用其企业名称,而在其招牌、招贴和餐具等突出使用其字号,其所使用的标志'王将''王将'与李惠廷在先核准注册的商标标志虽存在一些差异,但这种差异是细微的,以相关公众的一般注意力难以区分,使用在相同服务上,容易使相关公众产生误认。"而在本案中,被告津南正新厂在其生产的轮胎上使用"正新"字样是作为企业全称使用的,并没有在自己的产品上突出使用"正新"二字,原告在无法举证证明被告使用商号的行为造成或者可能造成消费者误认,故而被告的行为不会导致原告商标权的损害,不构成侵权。

然而,在实际案件中,如果被告的确在与商标标志的相同或者类似的商品或服务上突出使用商号,则构成商标侵权。根据《最高人民法院关于审理注册商标、企业名称与在先权利冲突的民事纠纷案件若干问题的规定》第4条,法院根据具体案件情形,被告需要承担的民事责任主要分为两种:一是规范使用商号,二是停止使用该企业名称。规范使用商号的目的是让商号回归其本来的作用和形式,消灭相关公众产生误认的可能性,如在商品或者服务上采用企业名称的全称,将商号的字体、颜色与企业名称中的其他构成要件保持一致。停止使用该商号的民事责任法院应谨慎适用,其目的主要是矫正将他人商号进行商标注册的行为。最高人民法院在上述"王将饺子案"中指出,如果不正当地将他人具有较高知名度的在先注册商标作为字号注册登记为企业名称,注册使用企业名称本身即是违法,不论是否突出使用均难以避免产生市场混淆的,可以根据当事人的请求判决停止使用或者变更该企业名称。在这种情形下,法院更倾向于认定经营者将他人知名商标注册为商号的行为缺乏正当性,存在抢注和"搭便车"的嫌疑,故给予经营者较重的责任。需要注意的是,具有较高知名度商标的保护强度应当有所不同,对有一定影响力的知名商标应当限定在相同或者类似商品与服务中，但对驰名商标的保护应当明显强于知名商标，可以突破商品类型的限制，这与我国商标法对已注册的驰名商标的保护在逻辑上才能统一。如果企业名称的注册使用并不违法，只是因突出使用其中的字号而侵犯注册商标专用权的，判决被告规范使用企业名称、停止突出使用行为即足以制止被告的侵权行为，也即规范使用商号足以消除误导相关公众的可能性，因此这种情况下不宜判决停止使用或者变更企业名称。应当注意的是，规范使用商号和停止使用商号或变更企业名称是两种民事责任，不能将突出使用商号的案件一律判决未停止使用或变更企业名称。

实践中，原告并不能直接向工商登记部门申请变更被告的企业名称，须先向人民法院提起商标侵权之诉，待法院作出判决后，要求被告在判决期限内变更自己的企业名称。若被告拒不履行民事责任，原告可以向法院申请强制执行，到工商登记部门变更被告企业名称。

3. 使用商号的行为构成不正当竞争

对于注册商标与企业名称之间的纠纷，人民法院应当区分不同的情形，按照诚实信用、维护公平竞争和保护在先权利等原则，依法处理。在上述情形中，只有突出使用并造成混淆的可能性，原告才能以构成商标侵权为由提起诉讼，但如果注册使用企业名称本身具有不正当性，比如不正当地将他人具有较高知名度的在先注册商标作为字号注册登记为企业名称，即使规范使用仍足以产生市场混淆的，也可以按照不正当竞争处理。

除了上述情形外，未突出使用商号但仍然可能造成混淆的，应当认定为构成不正当竞争行为。本案的一个特殊点在于此，被告使用的商号与他人在先商号相同，还可能违反反不正当竞争法的规定，构成对他人在先商号的不正当竞争行为。根据《最高人民法院关于审理注册商标、企业名称与在先权利冲突的民事纠纷案件若干问题的规定》第 2 条的规定，“原告以他人企业名称与其在先的企业名称相同或者近似，足以使相关公众对其商品的来源产生混淆，违反反不正当竞争法第五条第（三）项的规定为由提起诉讼，符合民事诉讼法第一百零八条规定的，人民法院应当受理”。在 1993 年《反不正当竞争法》第 5 条第 3 款中，只有满足“引人误认为是他人的商品”的条件下，才能够将使用他人企业名称的行为认定为不正当竞争行为。从逻辑上看，上述规定与《反不正当竞争法》保持了一致的判断原则，也即适用混淆原则。因此，在本案中，被告在自己产品上使用企业名称全称的行为不能认定为不正当竞争行为。但是，2017 年我国重新修订《反不正当竞争法》，新法第 6 条对混淆行为进行了扩大解释，不仅包括混淆商品或服务来源，使消费者产生误认，还包括使消费者产生经营者与他人存在某种特定联系的误解。因此，在法律适用的衔接上似乎有些不够紧密，在法律适用上究竟应该以哪种混淆标准来判断，目前尚不清楚。就本案法院认定的事实来讲，原告厦门正新公司成立时间远早于被告津南正新厂，该公司旗下的产品也在相关行业获得了较高的声誉和诸多荣誉，并且曾在天津设立过办事机构，这似乎会使消费者产生特定联系。但是实际上，商号具有很强的地域区分，津南正新厂自 2001 年成立以来，经过长期在其产品上使用企业名称，已经在市场中建立了一种稳定的关系，就现有证据原告无法证明存在混淆的可能性，以及消费者产生了对两家经营者特有关系的误解。故此，法院也难以认定津南正新厂使用其商号的行为构成不正当竞争。

4. 特殊企业名称的法律保护

（1）几种典型的特殊企业名称

根据我国《企业名称登记管理规定》，一般情况下企业名称的构成包括四个要素，分别是行政区划、企业字号、所属行业、组织形式，比如本案中的“厦门正新橡胶工业有限公司”。这类普通企业名称的商号保护通常以所属行业领域和登记地范围为限，也即不得在同一登记机关申请注册与他人在相同行业的同一商号。但是，在实践中多有无行政区划的企业名称，此类企业名称必须经过国务院的批准后，才能到国家工商行政管理总局进行注册，且注册资本不得少于 5000 万元人民币。我国对无行政区划的企业名称有严格的要求，所以对其商号法律保护强度也更进一步。如果企业冠以无行政区划的名称，则表明全国范围内该商号在该领域具有唯一性，但在其他行业该字号不一定必然受到保护，典型的如“长江科技有限公司”。这一保护模式类似于含有“中国”“中华”“全国”“国家”等字样的企业名称保护方法，其保护地域均覆盖全国同一行业领域。

除了上述无行政区划的企业名称，有的企业名称中甚至不包括“所属行业”这一要素。相比于无行政区划的企业名称注册，这类企业名称具有更高的注册标准，注册资本需达到一亿以上，并且其经营范围必须包含《国民经济行业分类表》其中的五大类，故而法律赋予其商号的保护范围更加广泛。典型的无行政区划、无行业表述的企业名称如“华润（集团）有限责任公司”，其经营范围涉及大消费（零售、啤酒、食品、饮料）、电力、地产、水泥、燃气、大健康（医药、医疗）、金融等领域。在这种情况下，此类企业名称中的商号在全国范围内全行业领域均可受到保护。

因此，在涉及企业字号权与商标权，以及企业字号与字号之间的权利冲突时，需要具体情况具体分析，《商标法》与《反不正当竞争法》对不同行业领域和地域范围的字号应有不同的保护强度。

（2）对境外或其他法域企业商号的保护

我国对商号权并无单独的立法保护，而散见于商标法和反不正当竞争法中的个别条文。如果经营者以其他法域中他人的企业名称或者商号作商标性使用，比如将一家香港注册的公司商号突出使用在自己在大陆销售的商品或者服务上，应当如何规制呢？由于企业名称的注册申请具有很强的行政色彩，是一种行政许可行为，他人在其他法域注册申请的企业名称或者商号在我国不一定必然会受到保护。我国《商标法》对上述情形并无具体的规定，但是如果享有商号权的该企业在中国境内有经营活动，提供商品或者服务，依据《反不正当竞争法》的相关规定，只要有导致相关公众产生混淆的可能性，或者误以为提供该商品或者服务的经营者与他人存在某种特定联系的，均可认定为不正当竞争行为。因此，在中国大陆法域外获得商号注册的经营者，可以依据《反不正当竞争法》的规定寻求保护。

核心要点四

将与他人驰名商标标志相同或近似的标志申请为外观设计专利构成侵权与不正当竞争的认定

案例 18

金门酒厂(厦门)贸易有限公司诉厦门金厦福酒业有限公司、北京家乐福商业有限公司侵害商标权及不正当竞争纠纷案

【案件索引】

一审案号:北京市东城区人民法院(2015)东民(知)初字第 08473 号民事判决书

二审案号:北京知识产权法院(2015)京知民终字第 2444 号民事判决书

【基本案情】

2000 年 11 月 28 日,金门酒厂实业股份有限公司(以下简称金门股份公司)经国家工商行政管理总局商标局核准获得第 1482490 号注册商标的专用权,核定使

用商品为第33类,包括“高粱酒”(以下简称涉案商标,见图18-1)。

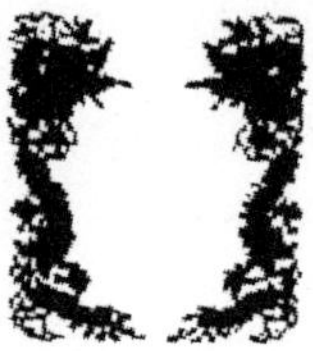

图18-1 金门股份公司注册的“涉案商标”

金门酒厂(厦门)贸易有限公司(以下简称金门酒厂)为金门股份公司在中国大陆地区的总代理商,金门股份公司以排他许可的方式将上述商标授权给金门酒厂使用。2013年5月15日金门股份公司发表声明,对于在中国大陆地区发生的侵犯其上述商标专用权的行为,金门酒厂有权自行提起诉讼,金门股份公司不再另行提起诉讼。

2014年7月9日,金门酒厂向北京市长安公证处申请证据保全。在公证人员的见证下,金门酒厂工作人员来到北京市东城区东花市南里三区富贵园购物中心3楼的“家乐福超市”,以普通消费者的身份向该超市购买了五款白酒,分别为:“五缘湾600ml 52度台湾高粱酒(五年窖藏)”一瓶、“五缘湾600ml 58度台湾高粱酒(五年窖藏)”一瓶、“五缘湾500ml 42度台湾高粱酒(三年窖藏)”一瓶、“五缘湾500ml 52度台湾高粱酒(三年窖藏)”一瓶、“五缘湾500ml 58度台湾高粱酒(三年窖藏)”一瓶。在该超市收款台进行结账,支付人民币80.4元,并取得购物小票一张。之后持购物小票到该超市服务台开具了《北京市国家税务局通用机打发票》一张,发票上盖有“北京家乐福商业有限公司发票专用章”。上述经公证购买的高粱酒封箱并加盖公证机关公章后交由金门酒厂保管。北京市长安公证处对上述过程出具(2014)京长安内经证字第14842号公证书进行公证。

2015年6月,金门酒厂向北京市东城区人民法院提起诉讼,要求法院判令厦门金厦福酒业有限公司(以下简称金厦福公司)立即停止生产、销售侵犯涉案商标注册商标专用权的商品;北京家乐福商业有限公司(以下简称家乐福公司)立即停止销售上述侵权商品;金厦福公司停止不正当竞争行为,停止在其生产、销售的产品上标示“台湾高粱酒”“台湾金门高粱酒业集团股份有限公司监制”的字样；金厦福公司因侵犯注册商标专用权及不正当竞争行为赔偿原告经济损失人民币551445元；金厦福公司就其侵犯商标专用权、不正当竞争行为在《中国工商报》上刊登声明，以消除影响。

金厦福公司答辩要求驳回金门酒厂的全部诉讼请求，抗辩理由为：一是金门酒厂作为原告，主体不适格，因为金门酒厂不是涉案商标的所有权人及诉讼权利具有人身依附性，不能通过授权获得；二是不存在侵权行为，涉案产品标识台湾字样、地图不能理解为产地，而是酒的风味，不会造成消费者的误解，而且双方的产品在价格上具有较大差别；三是金门酒厂主张的赔偿金额及合理费用没有事实与法律依据。

家乐福公司以其销售涉案产品有合法来源不应承担赔偿责任进行抗辩。

庭审中，对公证购买的五款白酒，金厦福公司认可系其生产，家乐福公司认可系其销售。经当庭拆封实物，五瓶酒的标签除颜色外，标签内容基本一致，都是两侧双龙围绕，中间依次是“五缘湾”商标、加大字体的酒的度数及大字体的“台湾高粱酒”字样、小字体的台湾高粱酒拼音、小字体的商标图案专利号、酒香型和产地等信息、中号繁体字体的“台湾金门高粱酒业集团股份有限公司监制”、龙尾中间为“台湾”和台湾地图、龙纹下方标注酒精度数、含量、出品公司等信息。与金门酒厂提供的38度金门高粱酒、58度金门高粱酒比对，龙纹与权利商标近似，且涉案产品突出标识“台湾高粱酒”“台湾金门高粱酒业集团股份有限公司监制”字样，对产品产地和生产厂家相对弱化标注。

【判决与理由】

一审法院认为：商标注册人可以通过签订许可使用合同的方式将自己注册的注册商标许可他人使用。根据金门酒厂提交的商标注册证、许可使用合同、声明等证据，可以认定，金门股份公司将涉案商标以排他许可方式给金门酒厂使用且声明放弃诉讼权利，金门酒厂依法享有涉案商标的商标权并有权以自己名义提起诉讼。

未经商标注册人的许可，在同一种商品或者类似商品上使用与其注册商标相同或者近似的商标的，属侵犯注册商标专用权的行为。金厦福公司在其生产的高粱酒上所使用的双龙标识，与涉案商标构成近似，侵害了金门酒厂的商标权益，应当承担停止侵权、赔偿损失的民事责任。

不正当竞争是指经营者违反《反不正当竞争法》的规定，损害其他经营者合法权益，扰乱社会经济秩序的行为。经营者不得利用广告或者其他方法，对商品的质量、产地、生产者等作引人误解的虚假宣传。根据已查明事实，首先，金门酒厂与金厦福公司的经营业务存在重合，具有一定的竞争关系；其次，金厦福公司在其生产的涉案五瓶白酒的标签上，突出使用"台湾高粱酒""台湾金门高粱酒业集团股份有限公司监制"字样，而将白酒的实际生产地点"厦门"弱化，且台湾金门高粱酒业集团股份有限公司注册地在香港，上述使用方式会直接导致消费者混淆误认产品的来源，误认为该商品来源于台湾或者由台湾相关公司保证其质量、口感等。金厦福公司的行为构成了虚假宣传，应当承担停止侵权、赔偿损失的侵权责任。

金厦福公司是涉案侵权产品的生产者，应当就涉案侵权行为承担责任，而家乐福公司是涉案侵权产品的销售者，在能够提供商品合法来源的情况下，不承担赔偿责任，需停止销售行为。关于金门酒厂要求消除影响的诉讼请求，无法律和事实依据，不予支持。

依照《商标法》《反不正当竞争法》的相关规定，判决：金厦福公司停止在其生产、销售的商品上使用与涉案商标近似的双龙图形并停止在其生产、销售的商品上突出使用"台湾高粱酒""台湾金门高粱酒业集团股份有限公司监制"字样的不正当竞争行为；家乐福公司立即停止销售侵害金门酒厂商标权的涉案商品；金厦福公司赔偿原告经济损失人民币 80000 元及合理支出人民币 21900 元；驳回其他诉讼请求。

金厦福公司不服该判决，向北京知识产权法院提出上诉。

二审法院作出了驳回上诉、维持原判的判决。

【相关法条】

1. 2013 年《商标法》第五十七条(2001 年《商标法》第五十二条)

有下列行为之一的,均属侵犯注册商标专用权:

……

(二)未经商标注册人的许可,在同一种商品上使用与其注册商标近似的商标,或者在类似商品上使用与其注册商标相同或者近似的商标,容易导致混淆的;

……

2. 2014 年《商标法实施条例》第七十六条

在同一种商品或类似商品上将与他人注册商标相同或者近似的标志作为商品名称或者商品装潢使用,误导公众的,属于商标法第五十七条第二项规定的侵犯注册商标专用权的行为。

3. 2017 年《反不正当竞争法》第八条

经营者不得对其商品的性能、功能、质量、销售状况、用户评价、曾获荣誉等作虚假或者引人误解的商业宣传,欺骗、误导消费者。经营者不得通过组织虚假交易等方式,帮助其他经营者进行虚假或引人误解的商业宣传。

【代理人评析】

1. 关于金门酒厂的诉讼主体资格

金门酒厂取得金门股份公司的授权,有权对侵权行为以自己名义提起诉讼,作为本案的主体是适格的。商标权是财产权,并非人身权,其权利可以移转,金厦福公司认为不能通过授权取得诉讼主体资格的主张是没有法律依据的。

2000 年 11 月 28 日,金门股份公司经国家工商行政管理总局商标局核准获得涉案商标注册商标的专用权,核定使用商品为第 33 类“高粱酒、蒸馏酒精饮料、果酒(含酒精)、清酒、威士忌酒、白兰地酒”,注册有效期限自 2000 年 11 月 28 日至 2010 年 11 月 27 日。于 2010 年 11 月 1 日经核准续展注册,续展注册有效期自 2010 年 11 月 28 日至 2020 年 11 月 27 日。2012 年 12 月 25 日,金门股份公司与金门酒厂签署“商标使用许可合同”,金门股份公司将该商标以排他许可的方式许可给金门酒厂在中国地域使用，许可期限自2013年1月1日起至2015年12月31日。金门酒厂于2013年10月24日取得商标局的“商标使用许可合同备案通知书”。

2013年5月15日，金门股份公司出具《声明书》，明确金门股份公司已将包括本案涉案注册商标在内的17个注册商标以排他许可的方式许可给金门酒厂使用，并声明凡中国大陆地区出现任何其他第三方侵犯金门股份公司上述17个注册商标权的任何侵权行为，金门酒厂均有权直接对与上述注册商标权有关的诉讼依大陆地区法律、法规及司法解释的规定自行提起诉讼。

2015年5月7日，金门股份公司出具《授权委托书》，委托金门酒厂为对中华人民共和国境内一切侵犯金门股份公司知识产权和进行不正当竞争行为采取必要的法律措施的主体，包括向工商行政管理机关、公安机关、人民法院等进行投诉、报案或提起民事诉讼等为保护金门股份公司知识产权必须或者适当的法律行动等。

商标是用以区别商品和服务不同来源的商业性标志，由文字、图形、字母、数字、三维标志、颜色组合、声音或者上述要素的组合构成。商标权，是指商标主管机关依法授予商标所有人对其注册商标受国家法律保护的专有权。商标注册人拥有依法支配其注册商标并禁止他人侵害的权利，包括商标注册人对其注册商标的排他使用权、收益权、处分权、续展权和禁止他人侵害的权利。因此，商标权属于财产权，并非人身权，其权利可以进行对外授权由第三方行使。金厦福公司认为不能通过授权获得商标权的诉讼主体资格，是没有法律依据的。

因此，金门酒厂取得注册商标权人金门股份公司的授权，有权以自己的名义对侵权行为提起诉讼，作为本案的主体资格是适格的。

2. 关于被控行为是否构成商标侵权

金厦福公司在其生产、销售的同一高粱酒商品上使用的双龙图案，与涉案商标标识构成近似，侵害了涉案商标的注册商标专用权。

首先，涉案商标指定使用的商品为第33类高粱酒等商品，而金厦福公司生产、销售的商品也是高粱酒，二者在商品上属于同一种。

其次，金厦福公司在生产、销售的高粱酒上使用的双龙图案与金门股份公司的涉案商标标志构成近似。

所谓近似是指被控侵权的文字、图形或其组合与他人的商标近似，即文字的字形、读音、含义，图形的构图、着色、外观，或文字和图形组合的整体排列组合方式、外观等方面与注册商标相近似，易使普通消费者对商品的来源产生错误认识。在对是否构成近似进行确认时，应以普通消费者的眼光，注重整体的近似，而不应过分强调局部的差异，因为通常侵权商品不会与被侵权商品摆在一起销售。

本案中，金门股份公司涉案商标的图案具备一定的显著性，且该商标为厦门市著名商标，与该商标相关的指定使用在“高粱酒”上的第 3258995 号“金门高粱酒”注册商标被商标局认定为全国驰名商标，具有一定的知名度。通过二者的比对可以看出：两图形均为对称双龙图案，二者的龙身均向上，有腾云驾雾的动态之感，龙头和龙尾分别相对，龙纹相似，龙形图案的整体外形基本相同，龙头、龙爪、龙鳞、龙须等特征在龙形图案的整体中所占比例较小，其细节不同属于局部细微变化，不会对整体视觉效果产生显著影响，在隔离对比的情况下，消费者对两图案极容易产生混淆与误认。因此，二者在标识上构成近似。

综上，应认定金厦福公司的双龙图案与金门股份公司的涉案商标构成近似，金厦福公司在其生产、销售的高粱酒上使用与金门股份公司的涉案商标标识相近似的图案，其目的在于借助涉案商标的影响力，该行为足以使消费者产生混淆或误认，使消费者对商品来源产生混淆或误认为其来源与注册商标商品具有特定的联系。

根据《商标法》第 57 条第 2 项的规定：“未经商标注册人的许可，在同一种商品上使用与其注册商标近似的商标，或者在类似商品上使用与其注册商标相同或者近似的商标，容易导致混淆的”，《商标法实施条例》第 76 条的规定，“在同一种商品或类似商品上将与他人注册商标相同或者近似的标志作为商品名称或者商品装潢使用，误导公众的，属于商标法第五十七条第二项规定的侵犯注册商标专用权的行为”，金厦福公司未经商标注册人许可，在同一种商品高粱酒上将与金门股份公司涉案商标近似的标志作为商品装潢使用，误导公众，金厦福公司的行为已经构成了侵犯涉案商标注册商标专用权的行为。

3. 关于被控行为是否构成不正当竞争

金厦福公司与金门酒厂均经营白酒等业务，双方存在竞争关系，且金厦福公司对其生产、销售的商品产地、商品生产者作引人误解的虚假宣传，构成不正当竞争行为。

台湾金门高粱酒业集团股份有限公司注册成立于香港特别行政区，但涉案侵权商品的产地为“厦门”，与“台湾”、“台湾金门”均没有任何关联。但是，金厦福公司在酒瓶瓶身使用了台湾地区地图形状并在台湾地图图形上标注“台湾”字样，使相关公众误认为被诉侵权商品来自台湾，产地是台湾；并且在酒瓶正中部刻意突出标注“台湾高粱酒”，以及刻意突出标示“台湾金门高粱酒业集团股份有限公司监制”字样，在瓶盖侧面突出标示“台湾金门高粱酒业集团股份有限公司”字样，这些突出标示无非就是为了吸引相关公众的注意，目的是让消费者将被诉侵权商品与“台湾”发生关联，误以为是台湾地区生产的商品，而将实际生产地点“厦门”进行了弱化，造成相关公众对商品的产地产生误认，进行误购涉案侵权商品。

对于金厦福公司刻意突出标示“台湾金门高粱酒业集团股份有限公司监制”字样，在瓶盖侧面突出标示“台湾金门高粱酒业集团股份有限公司”字样，而将生产者以较小字体放在酒瓶下方不显眼之处，这种安排与布置，可以得出金厦福公司意在刻意避免让消费者知悉其为生产商，而引导消费者认为“台湾金门高粱酒业集团股份有限公司”是生产商，以此方式误导消费者，从而造成消费者误购。

根据 1993 年《反不正当竞争法》第 9 条第 1 款规定，“经营者不得利用广告或者其他方法，对商品的质量、制作成分、性能、用途、生产者、有效期限、产地等作引人误解的虚假宣传”，金厦福公司的上述行为应属于对其生产、销售的商品产地、商品生产者作引人误解的虚假宣传，构成了不正当竞争行为。

·律师提示·

企业应当注重维护自身权益，及时对抢注的商标进行监控并采取维权措施。

及时有效的商标监控将是企业维护自身权利的一把利剑。在商标被侵害的案件中提出驰名商标的保护要求也是维护自身权利的重要方法。

现实中，部分生产厂商为了追求经济利益，投机取巧，不自创品牌，将他人商标作为所生产销售产品的装潢使用或者将他人的商标使用在与在先知名度极高的商标指定的商品关联性极强的商品或服务中，违背诚信与公平原则，直接导致消费者混淆误认产品的来源，侵害了他人的商标权，构成了商标侵权及不正当竞争。以产品为核心，主要涉及的利益相关者为生产者、经销商（销售商）、消费者，下面从这三个角色谈谈应该注意的问题。

作为生产者，应当申请注册属于自己的商标，塑造自己的品牌，保证自己在所生产的产品上不使用与他人的注册商标相同或类似的标志；并且应该诚实守信，不能在产品、包装或装潢上突出使用与他人在先注册并且拥有极高知名度的商标，引人误认为与在先极高知名度的商标提供者存在特定的联系或是其关联企业。否则，弄巧成拙，被追究侵权责任，“偷鸡不成蚀把米”，“赔了夫人又折兵”！

作为经销商，由于市场上存在众多的侵权产品，经销商虽然不能对所经销的产品作出是否侵权的判定，但为了保护自己的利益，有必要与供货方签署购销合同、要求供货方提供产品所涉的商标权权利证明、留存供货方的主体资格材料、进货凭证（如供货方签署的进货单、提供的发票等）等。因为法律规定，销售商在能够提供商品合法来源的情况下，不承担赔偿责任。当然，销售商如果收到权利人主张权利的通知，应及时下架相关产品，否则亦应承担相应的赔偿责任。

作为消费者，目前市场上的确存在仿冒、假冒产品，对于自己所要购买的产品，切忌贪图价格便宜，一定要仔细查看、核对品牌及生产厂家，防止花了冤枉钱被“李鬼”所骗！

附　　录

文中所涉《商标法》新旧法条对比一览表

2001年《商标法》	2013年《商标法》
第13条 就相同或者类似商品申请注册的商标是复制、摹仿或者翻译他人未在中国注册的驰名商标，容易导致混淆的，不予注册并禁止使用。 就不相同或者不相类似商品申请注册的商标是复制、摹仿或者翻译他人已经在中国注册的驰名商标，误导公众，致使该驰名商标注册人的利益可能受到损害的，不予注册并禁止使用。	**第13条** **为相关公众所熟知的商标，持有人认为其权利受到侵害时，可以依照本法规定请求驰名商标保护。** 就相同或者类似商品申请注册的商标是复制、摹仿或者翻译他人未在中国注册的驰名商标，容易导致混淆的，不予注册并禁止使用。 就不相同或者不相类似商品申请注册的商标是复制、摹仿或者翻译他人已经在中国注册的驰名商标，误导公众，致使该驰名商标注册人的利益可能受到损害的，不予注册并禁止使用。
第14条 认定驰名商标应当考虑下列因素： （一）相关公众对该商标的知晓程度； （二）该商标使用的持续时间； （三）该商标的任何宣传工作的持续时间、程度和地理范围； （四）该商标作为驰名商标受保护的记录； （五）该商标驰名的其他因素。	**第14条** **驰名商标应当根据当事人的请求，作为处理涉及商标案件需要认定的事实进行认定。**认定驰名商标应当考虑下列因素： （一）相关公众对该商标的知晓程度； （二）该商标使用的持续时间； （三）该商标的任何宣传工作的持续时间、程度和地理范围； （四）该商标作为驰名商标受保护的记录； （五）该商标驰名的其他因素。 **在商标注册审查、工商行政管理部门查处商标违法案件过程中，当事人依照本法第十三条规定主张权利的，商标局根据审查、处理案件的需要，可以对商标驰名情况作出认定。** **在商标争议处理过程中，当事人依照本**

续表

2001 年《商标法》	2013 年《商标法》
	法第十三条规定主张权利的，商标评审委员会根据处理案件的需要，可以对商标驰名情况作出认定。 **在商标民事、行政案件审理过程中，当事人依照本法第十三条规定主张权利的，最高人民法院指定的人民法院根据审理案件的需要，可以对商标驰名情况作出认定。** **生产、经营者不得将“驰名商标”字样用于商品、商品包装或者容器上，或者用于广告宣传、展览以及其他商业活动中。**
第 15 条 未经授权，代理人或者代表人以自己的名义将被代理人或者被代表人的商标进行注册，被代理人或者被代表人提出异议的，不予注册并禁止使用。	**第 15 条** 未经授权，代理人或者代表人以自己的名义将被代理人或者被代表人的商标进行注册，被代理人或者被代表人提出异议的，不予注册并禁止使用。 **就同一种商品或者类似商品申请注册的商标与他人在先使用的未注册商标相同或者近似，申请人与该他人具有前款规定以外的合同、业务往来关系或者其他关系而明知该他人商标存在，该他人提出异议的，不予注册。**
第 30 条 对初步审定的商标，自公告之日起三个月内，任何人均可以提出异议。公告期满无异议的，予以核准注册，发给商标注册证，并予以公告。	**第 33 条** 对初步审定公告的商标，自公告之日起三个月内，**在先权利人、利害关系人认为违反本法第十三条第二款和第三款、第十五条、第十六条第一款、第三十条、第三十一条、第三十二条规定的，或者任何人认为违反本法第十条、第十一条、第十二条规定的，可以向商标局提出**异议。公告期满无异议的，予以核准注册，发给商标注册证，并予公告。
第 39 条 转让注册商标的，转让人和受让人应当签订转让协议，并共同向商标局提出申请。受让人应当保证使用该注册商标的商品质量。	**第 42 条** 转让注册商标的，转让人和受让人应当签订转让协议，并共同向商标局提出申请。受让人应当保证使用该注册商标的商品质量。

续表

2001年《商标法》	2013年《商标法》
转让注册商标经核准后,予以公告。受让人自公告之日起享有商标专用权。	**转让注册商标的,商标注册人对其在同一种商品上注册的近似的商标,或者在类似商品上注册的相同或者近似的商标,应当一并转让。** **对容易导致混淆或者有其他不良影响的转让,商标局不予核准,书面通知申请人并说明理由。** 转让注册商标经核准后,予以公告。受让人自公告之日起享有商标专用权。
第41条 已经注册的商标,违反本法第十条、第十一条、第十二条规定的,或者是以欺骗手段或者其他不正当手段取得注册的,由商标局撤销该注册商标;其他单位或者个人可以请求商标评审委员会裁定撤销该注册商标。 已经注册的商标,违反本法第十三条、第十五条、第十六条、第三十一条规定的,自商标注册之日起五年内,商标所有人或者利害关系人可以请求商标评审委员会裁定撤销该注册商标。对恶意注册的,驰名商标所有人不受五年的时间限制。 除前两款规定的情形外,对已经注册的商标有争议的,可以自该商标经核准注册之日起五年内,向商标评审委员会申请裁定。 商标评审委员会收到裁定申请后,应当通知有关当事人,并限期提出答辩。	**第44条** 已经注册的商标,违反本法第十条、第十一条、第十二条规定的,或者是以欺骗手段或者其他不正当手段取得注册的,由商标局**宣告该注册商标无效**;其他单位或者个人可以请求商标评审委员会**宣告该注册商标无效**。 **商标局做出宣告注册商标无效的决定,应当书面通知当事人。当事人对商标局的决定不服的,可以自收到通知之日起十五日内向商标评审委员会申请复审。商标评审委员会应当自收到申请之日起九个月内做出决定,并书面通知当事人。有特殊情况需要延长的,经国务院工商行政管理部门批准,可以延长三个月。当事人对商标评审委员会的决定不服的,可以自收到通知之日起三十日内向人民法院起诉。** **其他单位或者个人请求商标评审委员会宣告注册商标无效的,商标评审委员会收到申请后,应当书面通知有关当事人,并限期提出答辩。商标评审委员会应当自收到申请之日起九个月内做出维持注册商标或者宣告注册商标无效的裁定,并书面通知当事人。有特殊情况需要延长的,经国务院工商行政管理部门批准,可以延长三个月。当事人对商标评审委员会的裁定不服的,可以自收到通知之日起三十日内向人民法院起诉。人民法院应当通知商标裁定程序的对方当事人作为第三人参加诉讼。**

续表

2001 年《商标法》	2013 年《商标法》
	第 45 条 已经注册的商标，违反本法第十三条第二款和第三款、第十五条、第十六条第一款、第三十条、第三十一条、第三十二条规定的，自商标注册之日起五年内，**在先权利人或者利害关系人**可以请求商标评审委员会**宣告该注册商标无效**。对恶意注册的，驰名商标所有人不受五年的时间限制。 **商标评审委员会收到宣告注册商标无效的申请后，应当书面通知有关当事人，并限期提出答辩。商标评审委员会应当自收到申请之日起十二个月内做出维持注册商标或者宣告注册商标无效的裁定，并书面通知当事人。有特殊情况需要延长的，经国务院工商行政管理部门批准，可以延长六个月。当事人对商标评审委员会的裁定不服的，可以自收到通知之日起三十日内向人民法院起诉。人民法院应当通知商标裁定程序的对方当事人作为第三人参加诉讼。** **商标评审委员会在依照前款规定对无效宣告请求进行审查的过程中，所涉及的在先权利的确定必须以人民法院正在审理或者行政机关正在处理的另一案件的结果为依据的，可以中止审查。中止原因消除后，应当恢复审查程序。**
	第 48 条 **本法所称商标的使用是指将商标用于商品、商品包装或者容器以及商品交易文书上，或者将商标用于广告宣传、展览以及其他商业活动中，用于识别商品来源的行为。**
第 44 条 使用注册商标，有下列行为之一的，由商标局责令限期改正或者撤销其注册商标： （一）自行改变注册商标的； （二）自行改变注册商标的注册人名义、地址或者其他注册事项的；	**第 49 条** 商标注册人在使用注册商标的过程中，**自行改变注册商标、注册人名义、地址或者其他注册事项的**，由地方工商行政管理部门责令限期改正；期满不改正的，由商标局撤销其注册商标。

续表

2001 年《商标法》	2013 年《商标法》
（三）自行转让注册商标的； （四）连续三年停止使用的。	**注册商标成为其核定使用的商品的通用名称或者没有正当理由连续三年不使用的，任何单位或者个人可以向商标局申请撤销该注册商标。商标局应当自收到申请之日起九个月内做出决定。有特殊情况需要延长的，经国务院工商行政管理部门批准，可以延长三个月。**
第 52 条 有下列行为之一的，均属侵犯注册商标专用权： （一）未经商标注册人的许可，在同一种商品或者类似商品上使用与其注册商标相同或者近似的商标的； （二）销售侵犯注册商标专用权的商品的； （三）伪造、擅自制造他人注册商标标识或者销售伪造、擅自制造的注册商标标识的； （四）未经商标注册人同意，更换其注册商标并将该更换商标的商品又投入市场的； （五）给他人的注册商标专用权造成其他损害的。	**第 57 条** 有下列行为之一的，均属侵犯注册商标专用权： **（一）未经商标注册人的许可，在同一种商品上使用与其注册商标相同的商标的；** **（二）未经商标注册人的许可，在同一种商品上使用与其注册商标近似的商标，或者在类似商品上使用与其注册商标相同或者近似的商标，容易导致混淆的；** （三）销售侵犯注册商标专用权的商品的； （四）伪造、擅自制造他人注册商标标识或者销售伪造、擅自制造的注册商标标识的； （五）未经商标注册人同意，更换其注册商标并将该更换商标的商品又投入市场的； （六）故意为侵犯他人商标专用权行为提供便利条件，帮助他人实施侵犯商标专用权行为的； （七）给他人的注册商标专用权造成其他损害的。

图书在版编目(CIP)数据

商标纠纷诉讼策略与律师指引 / 罗丽珍著. -- 北京：法律出版社，2019
ISBN 978 -7 -5197 -2998 -1

Ⅰ. ①商… Ⅱ. ①罗… Ⅲ. ①商标法－民事诉讼－中国－问题解答 Ⅳ. ①D923.435

中国版本图书馆 CIP 数据核字(2018)第 300050 号

商标纠纷诉讼策略与律师指引
SHANGBIAO JIUFEN SUSONG CELÜE YU LÜSHI ZHIYIN

罗丽珍 著

责任编辑 赵明霞
装帧设计 汪奇峰

出版 法律出版社
总发行 中国法律图书有限公司
经销 新华书店
印刷 中煤(北京)印务有限公司
责任校对 郭艳萍
责任印制 胡晓雅

编辑统筹 法商出版分社
开本 710 毫米×1000 毫米 1/16
印张 13.5
字数 193 千
版本 2019 年 5 月第 1 版
印次 2019 年 5 月第 1 次印刷

法律出版社/北京市丰台区莲花池西里 7 号(100073)
网址/www.lawpress.com.cn
投稿邮箱/info@lawpress.com.cn
举报维权邮箱/jbwq@lawpress.com.cn
销售热线/010 -83938336
咨询电话/010 -63939796

中国法律图书有限公司/北京市丰台区莲花池西里 7 号(100073)
全国各地中法图分、子公司销售电话：
统一销售客服/400 -660 -6393
第一法律书店/010 -83938334/8335
西安分公司/029 -85330678
重庆分公司/023 -67453036
上海分公司/021 -62071010/1636
深圳分公司/0755 -83072995

书号:ISBN 978 -7 -5197 -2998 -1
定价:78.00 元
(如有缺页或倒装,中国法律图书有限公司负责退换)